Maren Busch

# Gut und Böse in der Lehre Rudolf Steiners

Ethische Grundprobleme in seiner Anthroposophie

Busch, Maren

**Gut und Böse in der Lehre Rudolf Steiners**
*Ethische Grundprobleme in seiner Anthroposophie*

ISBN: 978-3-86741-703-7
Auflage: 1
Erscheinungsjahr: 2011
Erscheinungsort: Bremen, Deutschland

© Europäischer Hochschulverlag GmbH & Co KG,
Fahrenheitstr. 1, 28359 Bremen

www.eh-verlag.de

Maren Busch

**Gut und Böse in der Lehre Rudolf Steiners**

| | | |
|---|---|---|
| Vorwort | | 1 |
| 1. | Rudolf Steiner und seine Anthroposophie | 4 |
| | 1.1 Biografie: Steiner und sein „Lebensgang" | 5 |
| | 1.2 Geschichte und Entstehung Steiners Anthroposophie | 11 |
| |     1.2.1 Exkurs: Theosophie | 11 |
| |     1.2.2 Der Weg zur Theosophie | 12 |
| |     1.2.3 Loslösung von der Theosophie | 14 |
| | 1.3 Vertiefung: Steiners Christologie | 17 |
| 2. | Zur Begrifflichkeit von Gut und Böse in der Ethik | 21 |
| 3. | „Christus im Verhältnis zu Luzifer und Ahriman - die dreifache Wesensgestaltung" | 24 |
| | 3.1 Die zwei Gesichter des Bösen: Luzifer, die „Weltflucht" und Ahriman, die „Weltsucht" | 27 |
| |     3.1.1 Exkurs II: Die Herkunft Luzifers | 27 |
| |     3.1.2 Exkurs III: Die Herkunft Ahrimans | 29 |
| |     3.1.3 Steiners doppeltes Böse: Luzifer und Ahriman | 30 |
| | 3.2 Jesus - der Christus (!?) | 37 |
| |     3.2.1 Die zwei Jesusknaben | 38 |
| |     3.2.2 Das Mysterium von Golgatha | 40 |
| |     3.2.3 Exkurs IV: Wie erlangt man Erkenntnis der höheren Welten? | 44 |
| |     3.2.3 Christus, Luzifer und Ahriman - eine Zusammenfassung | 48 |
| 4. | Ist das „Gute und Böse" immer gleich gut und böse? - Unterschiede der anthroposophischen und christlich-ethischen Begrifflichkeiten | 51 |

5. **Ziele der von Steiner konstruierten Verhältnisse von Gut und Böse in Bezug auf seine Weltanschauung**     57

    5.1  Kann die Anthroposophie als sektierende Gemeinschaft bezeichnet werden?     59

    5.2  Fazit zu den Zielen der von Steiner konstruierten Weltanschauung     63

**Bibliografie**     66

**Anhang**     69

    Abbildungsnachweis     69

    Zeittafel     75

    Abkürzungsverzeichnis     78

# Vorwort

*„Mit seinem Erkenntnisweg möchte er (Rudolf Steiner, Anm.: M. B.) den modernen Menschen hinausführen über eine bloß materialistische Naturerkenntnis, ein totes, abstraktes Philosophieren, eine äußerliche Moral des Gesetzesgehorsams und einen kirchlich-dogmatischen Glauben. Der Mensch soll sich über das 'gewöhnliche Bewusstsein' zu einer 'übersinnlichen Erkenntnis' erheben, die dank anthroposophischer Meditationsschulung zu einem 'lebendigen' Denken, Fühlen und Wollen 'erkraftet'. Er soll fähig werden, die im Materialismus zusammenhanglos gewordenen Bereiche der Kultur wieder in einer spirituellen Einheit zu sehen - in einem 'ethischen Individualismus'."*[1]

So beschreibt Bernhard Grom[2] die von Rudolf Steiner (Vgl. Anhang Abb. 1 „Rudolf Steiner") zu Beginn des 20. Jahrhunderts begründete Anthroposophie.

Der Bekanntheitsgrad dieser Anthroposophie hat in den letzten Jahren in unserer Gesellschaft stetig zugenommen. Wobei nicht etwa die Lehren der Anthroposophie, wie Grom sie beschreibt, diese Bekanntheit ausmachen, sondern vielmehr ihre praktischen Lebensformen. Die Waldorfpädagogik, der biologisch-dynamische Landbau wie zum Beispiel „Demeter" ihn betreibt, Pharmaka und Kosmetika wie etwa „Wala" oder „Weleda" werden von vielen Menschen (nicht nur in Deutschland) praktiziert

---

1 Zitat entnommen aus: B. Grom: Der anthroposophische Erkenntnisweg Rudolf Steiners, in: Hg. A. Fincke, Anthroposophie Waldorfpädagogik Christengemeinschaft. Beiträge zu Dialog und Auseinandersetzung (EZW-Texte 190), Berlin 2007, 15.
2 Anm.: Bernhard Grom, geboren 1936, ist Professor für Religionspädagogik und Religionspsychologie an der Hochschule für Philosophie in München sowie Redaktionsmitglied der Zeitschrift "Stimmen der Zeit " und Seelsorger in einer Münchener Pfarrei.

und konsumiert, ohne, dass sie wissen, dass hinter diesen und auch anderen Produkten die Weltanschauung der Anthroposophie steht. Da bereits hier eine gewisse Zugehörigkeit (und sei es auch unbewusst) zu der Anthroposophie beginnt, ist es schwer auszumachen, wie viele Anhänger wirklich dazu zählen und wo die Zugehörigkeit beginnt. Ist bereits von einem Athroposophen die Rede, wenn jemand beispielsweise eine Weleda-Handcreme benutzt? Ist der Kreis der Anthroposophen denen vorbehalten, die eine Waldorfschule besuchen? Oder beginnt die Benennung eines Anthroposophen erst, wenn die Lehren Rudolf Steiners bekannt sind oder wenn eine offizielle Mitgliedschaft in der Anthroposophischen Gesellschaft[3] besteht? Auch die Frage „Wer zählt dazu?" lässt sich aufgrund dieser weiten Kreise, die die Anhängerschaft der Anthroposophie zieht, nicht beantworten.

Einfacher als die Bestimmung der Anhängerschaft ist die Betrachtung der Lehre. Die Anthroposophische Lehre kann in 354[4] verschiedenen Büchern und Vorträgen von Rudolf Steiner nachgelesen werden (dabei handelt es sich um: 28 Werke, acht Bücher mit gesammelten Aufsätzen, acht Bücher mit Briefen oder ähnlichem, 34 Bücher mit Niederschriften von öffentlichen Vorträgen, 152 Bücher mit Niederschriften von Vorträgen vor Anhängern der Anthroposophischen Gesellschaft sowie 12 Bücher zur Geschichte der Anthroposophischen Gesellschaft, weiterhin um 23 Kurse und Vorträge über Kunst, 21 Vorträge über Erziehung, acht Vorträge über Medizin, acht Vorträge über Naturwissenschaften, 15 Vorträge über das soziale Leben und acht Vorträge für die Beschäftigten am Goetheanum).

Diese Arbeit wird sich nur mir einem sehr kleinen Teil der gewaltigen Sammlung der Steinerschen Schriften beschäftigen

---

3   Anm.: Offiziell gehörten 2007 etwa 20000 Mitglieder der „Allgemeinen Anthroposophischen Gesellschaft Deutschland" an. Quelle: Evangelische Zentrale für Weltanschauungsfragen.
4   Anm.: So viele Werke umfasst die Gesamtausgabe. Allerdings sind nicht alle Nummerierungen vergeben.

können. Besondere Beachtung erhalten dabei die Schriften und Vorträge Steiners, die sich mit seiner Christologie beschäftigen. Zum allgemeinen Überblick erfolgt eine Einleitung mithilfe der Biografie Steiners und einer allgemeinen Definition vom Begriff der Anthroposophie. Im Folgenden wird näher auf die Christologie Steiners eingegangen. Nachdem ein kurzer Einblick in die ethischen Begrifflichkeiten von Gut und Böse gegeben wird, folgt der Hauptteil. Hier soll nun auf den Titel der Arbeit eingegangen werden sowie das Gute und das Böse in den Steinerschen Lehren herausgearbeitet und klar definiert werden. Dieses erfolgt anhand ausgewählter Vorträge Steiners, welche im jeweiligen Abschnitt der Arbeit benannt werden. Der letzte Teil der Arbeit wird sich mit der Fragestellung beschäftigen, inwiefern Steiner sich an (christlich) ethische Normen hielt und seine Begrifflichkeiten auf diese Normen abstimmte. Außerdem soll herausgefunden werden, ob ethische Grundprobleme durch eventuelle Abweichungen zu dieser Norm für Steiners Anhänger entstanden oder weiterhin entstehen und ob eventuell sogar von einer Art ideologisch-weltanschaulichen Sektierung geredet werden darf.

# 1. Rudolf Steiner und seine Anthroposophie

Die Lehren der Anthroposophie sind, trotz ihrer öffentlichen Bekanntheit durch die Waldorfschulen, die anthroposophischen Kliniken sowie den bio-dynamischen Landbau, schwer zu verstehen und lassen sich kaum nachvollziehen, wenn kein Blick auf ihre Entstehung geworfen wird und wenn die Person ihres Begründers, Rudolf Steiner, außer Acht gelassen wird.

Da die Anthroposophie mit all ihren einzelnen Praxisfeldern auf die Schriften, Vorträge und Berichte Steiners zurückzuführen ist, ergibt es sich als unablässig, Steiners Persönlichkeit und auch seinen Werdegang zu skizzieren und entscheidende Punkte seines Lebens genauer zu betrachten. Die uns heute bekannte Anthroposophie ist erst mit dem Leben Steiners entstanden, gewachsen und in all ihren Aspekten ausgebildet worden. Deshalb sollte zum besseren Verständnis dieser Weltanschauung auch eine kurze Abhandlung zur Geschichte der Anthroposophie und zu ihrer Loslösung von der Theosophie, die der Anthroposophie sehr nahe steht, erfolgen.

Da, wie bereits erwähnt, die Anthroposophie verschiedene Praxisfelder wie etwa die Kunst, die Medizin, die Pädagogik, die Landwirtschaft und sogar in Bruchteilen die Architektur umfasst, ist es sinnvoll, einen Bereich auszuwählen, um diesen genauer zu betrachten und um an diesem exemplarisch eine Fragestellung zu bearbeiten bzw. ein Thema verdeutlichen zu können.

Die Christologie gehörte für Steiner zu einem tragenden Mittelpunkt seiner Anthroposophie. Aus diesem Grund soll sie hier näher beleuchtet werden und exemplarisch für seine Lehren stehen.

Selbstverständlich sind die Thesen der Christologie nicht auf alle anderen Bereiche der Anthroposophie „eins zu eins" übertragbar, jedoch geben sie einen Einblick in die Denkweisen und gedanklichen Konstruktionen der Anthroposophie, wie Steiner sie erdacht und begründet hat.

## 1.1 Biografie[5]: Steiner und sein „Lebensgang"[6]

Zu Beginn der siebziger Jahre des 19. Jahrhunderts, genauer am 25. Februar 1861, erblickte Rudolf Steiner in Kraljevec, im heutigen Kroatien, als erstes Kind (Steiner hat noch zwei jüngere Geschwister) der Eheleute Johann Steiner und Franziska Steiner, geborene Blie, das Licht der Welt. Aufgrund des Berufs des Vaters, der Bahntelegrafist war, zog die Familie häufig um und richtete sich ab 1862 in der Nähe von Wien ein. Da der Vater Steiners „Freigeist"[7] war, entfällt die religiös-kirchliche Sozialisation, die eigentlich, nach Konfession der Eltern, katholisch hätte sein müssen. Ab 1867 besuchte der junge Steiner die Grundschule in Potschach, aus welcher der Vater ihn jedoch im selben Jahr wieder herausnahm, um ihn zu Hause selbst zu unterrichten. Ab 1872 besuchte Steiner dann die Realschule in der Wiener Neustadt, die er im Juli 1977 mit der Matura abschloss. Parallel dazu nahm er bereits im Jahre 1877 ein Kantstudium auf. Nach Beendigung der Schule zog Steiner nach Oberlaa und begann dort erste Fichte-Studien. Im Oktober nahm Steiner, vermutlich vom Vater gedrängt, ein Studium in den Fächern Mathematik, Physik und Naturgeschichte an der Technischen Universität in Wien auf. Da Steiner sich allerdings stärker für philosophische Fragen interessierte, besuchte er häufig Literatur–Vorlesungen, in denen er den Goethe-Experten Karl Julius Schröer kennen und schätzen lernte. Helmut Zander vermutet, dass Steiner „*hier zu einer philosophischen Religiösität im Umfeld idealistischen Denkens*"[8] herangeführt wurde. Bereits im Herbst 1882 begann Rudolf Steiner, auf Vermittlung von Schröer, mit der Herausgabe von Goethes naturwissenschaft-

---

5 Anm.: Die Grundlage der Biografie Steiners bildet: C. Lindenberg, Rudolf Steiner. Mit Selbstzeugnissen und Bilddokumentationen dargestellt von Christoph Lindenberg, Reinbek bei Hamburg 1992.
6 Zitat entnommen aus: Steiner, Lebensgang.
7 Vgl. H. Zander: Vom Theosophen zum „Entdecker" der Anthroposophie. Eine Chronologie der „theosophischen" Biografie Rudolf Steiners, in: Hg. A. Fincke, Anthroposophie Waldorfpädagogik Christengemeinschaft. Beiträge zu Dialog und Auseinandersetzung (EZW-Texte 190), Berlin 2007, 5.
8 Zitat entnommen aus: Zander: Vom Theosophen zum „Entdecker", 6.

lichen Schriften in der von Joseph Kürschner veröffentlichten Sammlung „Deutsche National-Literatur". Am 18. Oktober 1883 verließ Steiner ohne Abschluss die Technische Universität in Wien und wurde, um seinen Lebensunterhalt bestreiten zu können, Hauslehrer der jüdischen Familie Specht. In den sechs Jahren, in denen er Unterricht im Hause Specht gab, *„bildete er im stillen die Gedanken aus, die zur Grundlage der Anthroposophie wurden".*[9] Seine erste Publikation, die den Titel *„Grundlinien einer Erkenntnistheorie der Goetheschen Weltanschauung"* trug, erschien im Oktober 1886. Zwei Jahre später lernte Steiner Friedrich Eckstein kennen, der ihn an esoterische Literatur heranführte. Steiner kam das erste Mal mit theosophischen Werken in Berührung und war auch kurzfristig davon begeistert. Im März 1890 traf Steiner auf Rosa Mayreder, die zu einer von Steiners wichtigsten Gesprächspartnerinnen bezüglich philosophischer Fragestellungen wurde. Im Oktober des gleichen Jahres begann Steiner seine Arbeit im Goethe-und-Schiller-Archiv in Weimar. Während dieser Jahre promovierte Steiner zum Doktor der Philosophie in Rostock. Das Thema seiner Dissertation lautete: *„Die Grundfrage der Erkenntnistheorie mit besonderer Rücksicht auf Fichtes Wissenschaftslehre".* Im November 1893 erschien *„Die Philosophie der Freiheit".* Ein halbes Jahr später traf Steiner auf Elisabeth Förster-Nietzsche, die ihn dazu anregte, 1895 *„Friedrich Nietzsche, ein Kämpfer gegen seine Zeit"* zu verfassen. Aus diesem Werk wurde deutlich, dass Steiner auf dem Weg zum Atheisten war.[10] Nach sechs Jahren Mitarbeit im Goethe- und Schiller-Archiv, empfand er diese zunehmend als Last und verließ aus diesem Grund die Stadt Weimar im Jahre 1896. Er zog nach Berlin, wo er zusammen mit Otto Erich Hartleben die Redaktion des Magazins „Magazin für Literatur" übernahm. Um seinen Lebensunterhalt gesichert zu wissen, trat er außerdem eine Dozententätigkeit an der Arbeiterbildungsschule an, in der er Kurse und Übungen anbot. Im Oktober 1899

---

9  Zitat entnommen aus: Lindenberg: Rudolf Steiner, 33.
10 Vgl. R. Steiner: Friedrich Nietzsche. Ein Kämpfer gegen seine Zeit, Dornach 1963, 122.

heiratete er Anna Eunike. 1990 erschien erneut ein Werk Steiners. Dieses Mal mit dem Titel: *„Haeckel und seine Gegner. Welt- und Lebensanschauungen im 19. Jahrhundert. 1. Band".* Da die Jahrhundertwende, nicht nur für Steiner, eine Art Aufbruchsstimmung hervorrief und diverse Vereinigungen (z. B. Frauenbewegungen, pädagogische Reformbewegungen, Jugendbewegungen etc.) gegründet wurden, schloss auch Steiner sich zweien an. Ene Vereinigung war der „Kreis der Kommenden", ein Kreis für jüngere Literaten, Künstler und Wissenschaftler. Nachdem Steiner im Dezember 1900 die Leitung dieses Kreises übernommen hatte, hielt er zwei Vortragsreihen zum Thema: *„Von Buddha zu Christus"* und *„Von Zarathustra bis Nietzsche. Entwicklungsgeschichte der Menschheit von den ältesten orientalischen Zeiten bis zur Gegenwart, oder Anthroposophie."* Der zweite Bund, dem Steiner zu dieser Zeit beitrat, war der „Giordano Bruno-Bund". Dieser Bund beschäftigte sich mit philosophischen und weltanschaulichen Fragen, die er stets unter das Motto der Goetheworte: „Materie nie ohne Geist" stellte. Ab September 1900 begann Steiner mit Vorträgen über die Mystik in der theosophischen Bibliothek von Graf Cay Lorenz von Brockdorff und beendete die redaktionelle Mitarbeit an dem „Magazin für Literatur". Weiterhin erschien sein zweiter Band von *„Welt- und Lebensanschauung im 19. Jahrhundert".* 1901 veröffentlichte er, vermutlich infolge der Vorträge, *„Die Mystik im Aufgang des neuzeitlichen Geisteslebens".* Steiner hielt erneut Vorträge im *„Kreis der Kommenden".* 1902 erschien ein weiteres Werk Steiners mit dem Titel: *„Das Christentum als mystische Tatsache und die Mysterien des Altertums".* Ab Januar 1902 war Rudolf Steiner Mitglied der Theosophischen Gesellschaft ("Adyar") und wurde am 19. Oktober sogar zum Generalsekretär der deutschen Sektion ernannt. In den kommenden Jahren begann er, sich intensiv mit theosophischer Literatur zu beschäftigen, wobei er Marie von Sievers kennenlernte, zu der er eine enge Freundschaft und Mitarbeit aufbaute und pflegte. 1903 begründet Steiner die Zeitschrift *„Luzifer",* die später zu *„Lucifer-Gnosis"* umbenannt wurde. 1904 erschien Steiners Werk

*„Theosophie"* und seine Aufsatzfolge *„Wie erlangt man Erkenntnisse der höheren Welten?"*. Im Mai reiste Steiner nach London. Dort wurde er von Annie Besant, der Leiterin der Theosophischen Gesellschaft, zum Arch Warden (Landesleiter) der Esoterischen Schulen ernannt. Im Juli erschien *„Aus der Akasha-Chronik"* und Steiners Vortragsreise durch ganz Deutschland begann. 1905 wurde diese Vortragsreise noch auf weitere Städte in der Schweiz ausgedehnt. In den folgenden Jahren bereiste Steiner ganze Teile Europas.; er hielt Vorträge in Paris (1906), in Skandinavien und Holland (1908) sowie in Rom, Oslo und Budapest (1909). Steiner begann vermehrt christologische Elemente in seine Vorträge einzubringen. Am 2. Dezember 1906 sprach er erstmalig vom „Mysterium von Golgatha". Im Jahre 1907 trennten sich die Arbeitsfelder von Annie Besant und Steiner. 1909 erschien *„Die Geheimwissenschaft im Umriß"*. Weitere Vortagszyklen folgten, dieses Mal mit den Themen der Wiederkunft Christi, der Volksseelenerkenntnis und der Evangelienbetrachtungen. Hier erwähnte Steiner zum ersten Mal seine These der zwei Jesusknaben. 1911 starb Steiners Frau Anna und auch seine wichtigste Mitarbeiterin Marie von Sievers erkrankte schwer, sodass Steiner seine Vortragstätigkeit einschränkte. Er begann mit der Entwicklung der Tanzform „Eurythmie". In diesen Jahren kam es auch zum endgültigen Bruch zwischen Steiner, Annie Besant und der Theosophischen Gesellschaft. Auslöser dafür soll eine Auseinandersetzung um einen Hindujungen gewesen sein, den Besant als „Weltenlehrer" ausgesucht hatte und dessen Auserkorenheit Steiner nicht anerkennen wollte. Steiner nahm seine Vortragsreisen wieder auf und hielt Vorträge über den *„Weg zur Selbsterkenntnis des Menschen"*. Erste Schritte zur Gründung einer Anthroposophischen Gesellschaft leitete er 1912 ein. Im selben Jahr begann er mit ersten Einführungen in die "Eurythmie". Am 2. und 3. Februar wurde die Anthroposophische Gesellschaft gegründet und ein absoluter und endgültiger Ausschluss Steiners aus der Theosophischen Gesellschaft um Annie Besant fand statt.

Da Steiner in den vergangenen Jahren vier Mystikdramen verfasst und aufgeführt hatte, kam 1913 unter den Anthroposophen der Wunsch auf, ein eigenes Gebäude zu bauen, in dem Inszenierungen aufgeführt, Vorträge gehalten und Diskussionen geführt werden können. So wurde am 20. September 1913 der Grundstein für eben solch ein Gebäude in Dornach (Schweiz) gelegt. Bereits am 1. April 1914 konnte Richtfest des sogenannten „Goetheanum" gefeiert werden. Dornach wurde zum neuen Zentrum der Anthroposophischen Gesellschaft. Am 24. Dezember 1914 heiratete Steiner seine langjährige Mitarbeiterin Marie von Sievers. Mit eingeschränkten Mitteln und der Hilfe vieler Mitglieder der Anthroposophischen Gesellschaft wurde auch während des Krieges weiter am Goetheanum gearbeitet. Steiner entwickelte seine „Eurythmie" weiter und inszenierte Szenen aus „Faust". Inspiriert von der Revolution nach Ende des Krieges verfasste Steiner *„Von Seelenrätseln"*. In diesem Werk stellte er Ideen zur Dreigliederung des menschlichen und des sozialen Organismus vor. 1919 erschien dann *„Die Kernpunkte der sozialen Frage"*. Am 7. September 1919 wurde in Stuttgart die erste Waldorfschule eröffnet. Steiner begann nun zwischen Dornach und Stuttgart zu pendeln, da er seine Aktivitäten nicht länger nur auf Dornach konzentrierte. Im Jahre 1920 begann Steiner seine Vorträge auch auf medizinische, naturwissenschaftliche und pädagogische Themen auszuweiten. Er begann mit der Beratung von wirtschaftlichen Unternehmen wie „Der kommende Tag" oder „Futurum AG". Im September wurde dann in Dornach, nach mittlerweile siebenjähriger Bauzeit, das Goetheanum eröffnet. Zu dieser Eröffnung fanden dreiwöchige Hochschulkurse zu verschiedenen Themen statt. 1921 nahm Steiner seine Vortragsreisen in den Niederlanden und in Norwegen wieder auf, welche durch den Krieg unterbrochen wurden. 1922 erreichte Steiner seinen absoluten Höhepunkt mit Vorträgen in Deutschland, Österreich, England und Holland. Im September war Rudolf Steiner als Mitbegründer der „Christengemeinschaft" tätig. Mit der Gründung dieser Gemeinschaft zeigte er die Bereitschaft, sich für fast jedes Thema einzusetzen und es der

Anthroposophie „*anzuverwandeln*"[11]. In der Nacht vom 31. Dezember 1922 auf den 1. Januar 1923 wurde das erst zwei Jahre alte hölzerne Goetheanum fast komplett durch einen Brand zerstört. Ab 1924 entstand an der gleichen Stelle ein neues, diesmal aus Beton gebautes, Goetheanum. Nach Zerstörung des Goetheanum versuchte Steiner, die Anthroposophische Gesellschaft zu motivieren, neue Landesgemeinschaften in Norwegen, England, Österreich sowie den Niederlanden zu gründen, und die bereits bestehenden in Schweden und der Schweiz zu stärken. Er begann, seine Vortragstätigkeit enorm einzuschränken und sie dabei lediglich auf eine Vermittlung pädagogischen Wissens zu stützen. Zwischen dem 24. Dezember und dem 1. Januar 1924 wurde die Allgemeine Anthroposophische Gesellschaft in Dornach gegründet, dessen Vorsitz Steiner übernahm. Innerhalb dieser Gesellschaft begann er, wieder vermehrt Kurse zu geben. Er begründete die biologisch-dynamische Landwirtschaft durch den „landwirtschaftlichen Kurs" und die Heilpädagogik durch den „Heilpädagogischen Kurs". Außerdem fanden *„Kurse zur Pädagogik, zur Augestaltung der Eurythmie, für Sprachgestaltung und Dramaturgie, Kurse für Mediziner und für Priester der Christengemeinde"*[12] statt. Steiner reiste nach Stuttgart, Prag, Paris, Breslau, Arnheim, Den Haag, Torquay und London. Am 28. September 1924 hielt Rudolf Steiner seinen letzten Vortrag bevor er aus Erschöpfung auf das Krankenlager gezwungen wurde. Von dort verfasste er diverse Briefe an die Mitglieder der Gesellschaft und ein weiteres Werk, *„Grundlegendes zur Erweiterung der Heilkunst"*, erschien. 1925 wurde Steiners letztes Werk *„Mein Lebensgang"* veröffentlicht, bevor er am 30. März 1925 in Dornach in seinem Atelier im Goetheanum verstarb.

---

11  Zitat entnommen aus: Zander: Vom Theosophen zum „Entdecker", 13.
12  Zitat entnommen aus: Lindenberg, Rudolf Steiner, 151.

## 1.2 Geschichte und Entstehung Steiners Anthroposophie

*„Welche Stellung hat das bewußte menschliche Erleben und das Denken in der Welt?"*[13]

Diese Frage beschäftigte Rudolf Steiner bereits 1877/1878. In dieser Frage des noch sehr jungen Steiners ist bereits der erste Ansatz seiner späteren Philosophie zu erkennen. Nach Helmut Zander war es Steiner allerdings erst 22 Jahre später gelungen, in der Theosophie die Antworten auf seine Lebensfragen zu finden.[14] Diese Antworten unterschieden sich allerdings tief greifend von den Vorstellungen, die Steiner vor seinem Beitritt zur Theosophie vertrat. Trotz allem wurden sie zum *„Fundament seiner Überzeugungen und gesellschaftlichen Wirkungen als Theosoph und späterer Anthroposoph"*[15]. Helmut Zander stellt deshalb zu Recht die Frage: *„Wie kam der 'seriöse' Goethe-Deuter und Philosoph Dr. Steiner in den 'okkulten Sumpf' der Theosophie?"*[16]

### 1.2.1 Exkurs: Theosophie

Die Geschichte der Theosophie begann 1875 mit der Gründung der Theosophischen Gesellschaft durch die Okkultisten Helena Blavatsky (1831-1891) und Henry Steel Olcott (1832-1907) in New York. 1878 zog die Gesellschaft nach Indien um, wo sie in Adyar (nahe Madras) ihre Zentrale einrichtete. Die Theosophische Gesellschaft zeichnete, und zeichnet sich noch heute, vor allem durch vier Grundsätze aus. Der erste Grundsatz beansprucht die Existenz einer geistigen, übersinnlichen Welt und ist somit gegen den zeitgenössischen Materialismus gerichtet. Allerdings bestehe laut der Meinung der Begründer ein Einklang mit den zeitgenössischen Naturwissenschaften, da die Gesellschaft glau-

---

13 Zitat entnommen aus: Ebd., 17.
14 Vgl. Zander: Vom Theosophen zum „Entdecker", 7.
15 Zitat entnommen aus: H. Zander: Anthroposophie in Deutschland. Theosophische Weltanschauung und gesellschaftliche Praxis 1884 bis 1945, Bd. 1, Göttingen ²2007, 545.
16 Zitat entnommen aus: Zander: Anthroposophie in Deutschland, 545.

be, dass die geistige, übersinnliche Welt mit objektiven, naturwissenschaftlichen Methoden zu erkennen sei. Außerdem sei sie der Meinung, dass hinter allen Religionen einzig und allein eine Wahrheit stehe und deshalb alle Menschen Brüder seien. Die Theosophie sieht sich, da sie dieses als erstes erkannt zu haben glaubte, als Avantgarde dieser so entstandenen brüderlichen Gemeinschaft.

Als Steiner der Gesellschaft beitrat, bildeten Charles Webster Leadbeater (1847-1934) und Annie Besant (1847-1933) den Vorstand. Beide vertraten neue Auffassungen, die auch Steiner für sehr wichtig hielt. Zum einen schätzten sie das Christentum sehr und sahen es als wichtigen Bestandteil der Religionsgeschichte an, zum anderen legten sie großen Wert auf praktischen Okkultismus. Aus diesem Beweggrund richtete Annie Besant die „Esoterische Schule" ein, deren Unterricht aus Meditationsübungen bestand.

### 1.2.2 Der Weg zur Theosophie

Bereits im Jahre 1888 bekam Steiner erstmalig Kontakt zu esoterischer Literatur von theosophischen Autoren; kurzfristig begeisterten ihn diese Werke sehr. Doch im Zuge seines Beitritts zum Nietzscheanismus polemisierte Steiner die Theosophie in einer Rezension, die er zur Bhagavadgita-Ausgabe des Theosophen Franz Hartmann (1838-1912) verfasste.[17] Zur Theosophie gefunden hat Steiner erst 1900 mit Beginn seiner Vortragsreihe in der theosophischen Bibliothek von Graf Cay Lorenz von Brockdorff (1844-1921) und seiner Frau Sophie (1848-1906). Ungefähr zeitgleich übernahm er den Vorsitz des „Kreis der Kommenden", indem er die Vortragsreihen „Von Buddha zu Christus" und „Von Zarathustra bis Nietzsche" hielt (siehe 1.1). In diesen Vorträgen, die leider nicht überliefert sind, soll Steiner zum ersten Mal für seine Weltanschauung das Wort „Anthroposophie" verwendet haben.[18] Am 11. Januar 1902 trat er der

---

17 Vgl. Zander, Vom Theosophen zum „Entdecker", 7.
18 Vgl. Lindenberg, Rudolf Steiner, 66ff.

Deutschen Theosophischen Gesellschaft „Adyar" bei und mit der Wahl zum Generalsekretär am 19. Oktober 1902 begann letztlich Steiners Konvention zur Theosophie. Er beschäftigte sich intensiv mit theosophischer Literatur, las voller Begeisterung Werke von Annie Besant, Charles Leadbeater und Helena Blavatsky. Helmut Zander vermutet, dass Steiner in diesen Jahren auch erstmalig mit Meditation in Berührung kam, die in seinen Werken als *„eine philosophisch-mystische Religiosität"*[19] zum Ausdruck gebracht wurde. Im Juni des Jahres 1903 erschien die erste Ausgabe der Zeitschrift *„Luzifer"*,[20] die sich unter anderem mit dem gerade erschienenen Werken *„Esoterisches Christentum"* von Annie Basant und *„Astral Ebenen"* von Charles Leadbeater auseinandersetzte. Wie sehr Steiner nun schon der Theosophie „verfallen" war, zeigt ein Brief, den er im Juni 1903 an Annie Besant richtete, und in dem er ihr versprach, die Theosophie in Deutschland weiter zu verbreiten. Außerdem beteuerte er ihr: *„Es bedeutet für mich sehr viel, wenn mein Vorgehen Ihre Billigung findet."*[21]

Anfang Mai traf Steiner Besant in London, die ihn zum Leiter der esoterischen Schule in Deutschland ernannte. Am 28. Oktober des gleichen Jahres begann Steiner mit einer Vortragsreihe über „Die astrale Welt" in Anlehnung an Leadbeaters „Astral Ebene". Außerdem beschäftigte er sich sehr intensiv mit Reinkarnation und dem Begriff des Karmas, wobei er stets versuchte, dieses vom Standpunkt der Naturwissenschaft zu betrachten. In sämtlichen Aufsätzen fügte Steiner lediglich unterschiedliche Aussagen von verschieden theosophischen Autoren zusammen, und bemerkte auch immer: *„[...] daß ich mich gerne korrigieren lasse*

---

19 Zitat entnommen aus: Zander: Vom Theosophen zum „Entdecker", 8.
20 Anm.: Der Titel der Zeitschrift geht auf die gleichnamige Zeitschrift von Helena Blavatzky zurück, die von 1887 bis 1899 erschien.
21 Zitat entnommen aus: Zander: Anthroposophie in Deutschland, 558.

*von anderen Forschern. Die Beobachtungen auf diesem Feld sind natürlich unsicher."*[22]

Immer wieder bediente er sich einer Terminologie, die eindeutig auf Blavatsky, Besant oder Leadbeater zurückzuführen war. Auch sein viergliedriges Menschenbild vom „physischen Körper", „Ätherdoppelkörper", „astralischen Körper" und „Ich" versah Steiner mit indischen, also theosophisch geprägten Begriffen, die er über seine eigenen Theorien „stülpte". Steiner begann immer deutlicher, seine Theosophie selbstständig zu begründen. In den Jahren 1904 und 1905 verfasste er seinen *„theosophischen Kanon"*,[23] der aus den

Werken *„Theosophie"* (April/Mai 1904), *„Wie erlangt man Erkenntnisse der höheren Welten?"* (Juni 1904) und *„Aus der Akasha-Chronik"* (Juli 1904) bestand. Hier wird deutlich, dass Steiner sich zwar weiterhin der theosophischen Terminologie bediente, aber auch eigene Theorien verfasste und europäische Vorstellungen zu den indischen Begrifflichkeiten adaptierte. Steiner baute immer häufiger christologische Elemente in seine Theosophie ein und im Jahre 1906 sprach er erstmals in der Vortragsreihe *„Das christliche Mysterium"* vom „Mysterium von Golgatha".

### 1.2.3 Loslösung von der Theosophie

Im Mai 1907 fand in München der Kongress der europäischen Sektion der „Adyar"-Theosophie statt. Auf diesem Treffen beschlossen Steiner und Besant in beidseitigem Einverständnis, die esoterische Schule organisatorisch zu trennen. Als Grund für diesen tiefen Einschnitt in die Zusammenarbeit wurde der westlichere Weg Steiners und der östlichere Weg Besants angeführt. Zu vermuten bleibt, dass dies nicht der einzige Grund war, vielmehr führten fragwürdige Erkenntnismethoden, durchgeführt

---

22 Zitat entnommen aus: R. Steiner: Lucifer-Gnosis. 1903-1908. Grundlegende Aufsätze zur Anthroposophie und Berichte aus der Zeitschrift „Luzifer" und „Lucifer-Gnosis", Dornach 1960,117.
23 Zitat entnommen aus: Zander: Anthroposophie in Deutschland, 569.

von Leadbeater, zu dem Wunsch nach Abtrennung auf Seiten Steiners. Annie Besant schrieb allerdings darüber:

> *„Dr. Steiners okkulte Schulung ist von der unsrigen sehr verschieden. Er kennt den östlichen Weg nicht, daher kann er ihn auch nicht lehren. Er lehrt den christlich-rosenkreuzerischen[24] Weg, der für manche Menschen eine Hilfe, aber von unserem verschieden ist. Er hat seine eigene Schule und trägt auch selbst die Verantwortung dafür. Ich halte ihn für einen sehr guten Lehrer in seiner eigenen Richtung und für einen Mann mit wirklichen Erkenntnissen. Er und ich arbeiten in vollkommener Freundschaft und Harmonie, aber in verschiedener Richtung."*[25]

Diese Trennung bedeutete für Steiner Eigenständigkeit, er stellte neue Fragen und Bedürfnisse der Gesellschaft in den Vordergrund. Er erkannte, dass die Gesellschaft auch die Beantwortung und Auseinandersetzung von religiösen Fragen erwartete. Aus diesem Grund hielt Steiner von Ende 1906 bis 1912 zwölf Vorträge über biblische Themen wie zum Beispiel die Evangelien. Mehr und mehr begann Steiner seine eigene

---

24 Anm.: Die Rosenkreuzer berufen sich auf ihren Gründer Christian Rosenkreutz, der 1378 geboren, in einem Kloster aufwuchs. Er studierte in Damaskus die arabische Wissenschaft und gründete die Rosenkreuzer-Brüderschaft, die hundert Jahre verborgen bleiben sollte. Als 1604 die Brüderschaft sein Grab (bezeichnet als „Kompendium des Alls") fand, traten sie an die Öffentlichkeit. Einen historischen Beleg für diese Bruderschaft und ihren Gründer gibt es nicht. Ziel der Schriften war eine neue Reformation der christlichen, namentlich lutherischen Kirche nach der Konfessionalisierung am Beginn des 17. Jahrhunderts. In vielfach alchemistischer Semantik präsentieren sie eine spiritualistisch eingefärbte Theologie, zurückgreifend auf protestantische Theosophen wie Jakob Böhme und Valentin Weigel sowie auf paracelsisches und hermetisches Gedankengut. Vgl. Zander, Anthroposophie in Deutschland, 838.
25 Zitat entnommen aus: R. Steiner: Zur Geschichte und aus den Inhalten der ersten Abteilung der Esoterischen Schule. Briefe, Rundbriefe, Dokumente und Vorträge. 1904-1914, Dornach 1984, 270.

Variante der Theosophie auszubilden. Ab 1911 verschlechterte sich das Verhältnis zu Besant. Zander schreibt dazu:

> *„Es geht im Kern um die Macht in der Theosophischen Gesellschaft, etwa bei den Auseinandersetzungen um die Anerkennung örtlicher Logen und Landesgesellschaften; weltanschauliche Differenzen werden dabei immer wichtiger."*[26]

Als offizielle Bruchstelle Steiners von der Theosophischen Gesellschaft wurde die Auseinandersetzung um Krishnamurti genannt. Bei Krishnamurti handelt es sich um einen Hindu-Jungen, in dem Besant einen neuen „Weltenlehrer" sah. Besant vertrat die Theorie eines sich immer wieder in einem Menschen inkarnierenden Buddha-Maitreya (Buddha der Zukunft), den sie in dem Jungen gefunden zu haben meinte. Da Besant Buddha-Maitreya mit Christus gleichsetzte, bedeutete dies, dass mit Krishnamurti auch eine Reinkarnation Christi gefunden wurde. Hinzu kam die irdische Erwartung, Krishnamurti werde der zukünftige Präsident der Gesellschaft werden. Diese Erwartungen bildeten für Steiner sowohl ein inhaltliches als auch ein machtpolitisches Problem.[27] Am 11. Januar 1911 gründete die Theosophische Gesellschaft den Sternorden (Order of the Star in the East).[28] Mit dieser Gründung und der Publikation der Zeitschrift „Herold of the Star" entwickelt sich Krishnamurti immer mehr zu einem Objekt kultischer Verehrung. Ungefähr zeitgleich (im Mai 1911) gründeten Anhänger Steiners den „Johannesbau-Verein", auf den Besant keinen Zugriff hatte. Als unabhängiger Verein hatte der „Johannesbau-Verein" den gleichen Status wie der Sternorden erhalten. Am 12. September 1911 soll Steiner mitgeteilt haben, sich mit seiner Anthroposophischen Gesellschaft von der Theosophischen Gesellschaft abtrennen zu wollen und am 12. Dezember hielt der „Johannesbau-Verein" seine erste Generalversammlung. Nach einigen Auseinandersetzungen

---

26 Zitat entnommen aus: Zander: Vom Theosophen zum „Entdecker", 11.
27 Vgl. Zander: Vom Theosophen zum „Entdecker", 11ff.
28 Vgl. Lindenberg: Rudolf Steiner, 94ff.

zwischen Steiner und Besant wurde ein Jahr später, am 28. Dezember 1912 in Köln, die Anthroposophische Gesellschaft gegründet. In den folgenden Jahrzehnten ersetzte Steiner in allen Neuauflagen seiner Werke die Begriffe „Theosophie" und „theosophisch" durch „Anthroposophie" und „anthroposophisch" bzw. durch „Geisteswissenschaft" und „geisteswissenschaftlich". Einzig sein 1904 erschienenes Werk *„Theosophie"* behielt seinen Namen bei.

**1.3 Vertiefung: Steiners Christologie**

Mit seinem Eintritt in die theosophische Gesellschaft wurde Steiner in eine bereits bestehende Diskussion über den Stellenwert der Religionen hineingezogen, die, obwohl die Theosophie sich indischer Traditionen bediente, doch größtenteils eine Debatte um das Christentum darstellte. So ist es also falsch zu vermuten, Steiner habe die indisch geprägte Theosophie „verchristlicht", vielmehr ist er in eine bestehende Debatte geraten, die ihn zwang, sich mit der christlichen Tradition auseinanderzusetzen und sich eine eigene Position zu verschaffen. Die Jahre, in denen Steiner seine eigene Christologie entwickelte, liegen zwischen 1902 und 1911. Es handelt sich also um die Jahre, in denen er der Theosophischen Gesellschaft angehörte. 1902 gelang Steiner mit seinem Werk *„Das Christentum als mystische Tatsache"* einen Einstieg in christliche Themen. Immer wieder wurden von Theologen und theologisch interessierten Theosophen Fragen zur Einzigartigkeit Jesu Christi und zur Bedeutung des Kreuztodes an ihn herangetragen. Zu diesem Zeitpunkt vertrat Steiner noch die Auffassung, Jesus sei *„einer unter vielen Eingeweihten"*[29] (zu den „Eingeweihten" zählte er Rama, Krishna, Hermes, Moses, Orpheus, Pythagoras, Platon und eben Jesus). Bis 1907 verstand Steiner Jesus noch nicht als den Christus, sondern vertrat eine Egalität zwischen allen Religionen. Erst im Jahre 1906 kam es zu einer wichtigen Veränderung in Steiners Christusvorstellung. Er stockte die

---

29 Zitat entnommen aus: Zander: Anthroposophie in Deutschland, 790.

Person Jesu zu „dem Christus" auf und bezeichnete ihn als kosmische Größe. In einem Vortrag am 2. Dezember 1906 präzisierte Steiner diese Erhebung zum „Christus":

> „Jesus wurde Christus im dreißigsten Jahre seines Lebens.[...] Es hat also das Ich des Jesus von Nazareth im dreißigsten Jahre seines Lebens das große Opfer gebracht, seine gereinigten Leiber der Individualität des Christus zur Verfügung zu stellen."[30]

Im Zusammenhang mit dieser präzisen Christuserhebung sprach Steiner auch erstmalig vom Golgatha-Ereignis, welches später zu einem zentralen Begriff seiner Christologie werden sollte. Schon jetzt sah er aufgrund des Golgatha-Ereignisses das Christentum als universelle Religion: „Alle Einzelegoismen fließen hin mit dem Blute Christi am Kreuz."[31] Mit der Beschäftigung der einzelnen Evangelien begann für Rudolf Steiner eine intensive Annäherung an christliche Traditionen mithilfe ihrer Grunddokumente, wie zum Beispiel die Evangelien. Allerdings machte Steiner 1909 deutlich, dass er seine Vorstellungen einer Christologie eigenhändig schrieb. In diesem Zusammenhang erwähnte er erstmals das polare Paar Ahriman und Luzifer, mit denen er bibelfremde Vorstellungen in die Christologie einbaute[32] (zu diesem Zeitpunkt war Luzifer bereits von der Identifikation mit dem Luzifer nach Jes 14,12 in Verbindung mit Lk 10,18, siehe Punkt 3.1.1, gelöst). Ebenso tauchte 1909 erstmalig die Theorie der zwei Jesusknaben auf, die Steiner als Lösung der Probleme der beiden neutestamentlichen Stammbäume im Matthäus- und Lukasevangelium anführte. Hierzu nahm er Bezug auf 2 Sam 5,14 und berichtete von einer salomonischen und einer nathanischen Linie, aus der jeweils ein Jesusknabe abstammen sollte. Steiner war der Meinung, dass

---

30 Zitat entnommen aus: R. Steiner: Das christliche Mysterium, Dornach 1981, 64ff.
31 Zitat entnommen aus: Ebd., 75.
32 Vgl. Zander: Anthroposophie in Deutschland, 802.

der salomonische Jesus aus Bethlehem eine Reinkarnation Zarathustras sei und der nathanische Jesus aus Nazareth der reinkarnierte Buddha sei.[33] Im zwölften Lebensjahr kam es zu einer Vereinigung der beiden Knaben:

> „Im zwölften Lebensjahre geht die Ichheit des bethlehemitischen Jesuskindes, also das Zarathustra-Ich, über in den anderen Jesus-Knaben. Vom zwölften Jahre an also lebte im nazarenischen Jesus nicht mehr das frühere Ich, sondern das Zarathustra-Ich. Das bethlehemitische Kind starb bald, nachdem jenes Ich es verlassen hatte."[34]

Steiner sah in der Vereinigung der beiden Jesusknaben einen „Zusammenfluß des Buddhismus und Zarathustrismus".[35]

Seit dem Weltkrieg gab es keine größeren Veränderungen mehr in Steiners Christologie. Teilweise verloren sich Vorstellungen, wie etwa die zwei Jesusknaben und der kosmische Jesus, vollständig. Zander bemerkt dazu sehr nüchtern: „Die kreativen Jahre der Christologie waren vorbei."[36] Trotzdem wurde die Christologie zu einem Identifikationspunkt der Anthroposophischen Gesellschaft. Maßgebende Punkte dominierten dabei in der Christologie. Der Ausgangspunkt ist die Vorstellung einer Geburt Christi „in mir".[37] Bezug nahm Steiner dabei auf Verse des Angelus Silesius,[38] in denen es heißt: „Wird Christus tausendmal in

---

33 Anm.: Bei Zander: Anthroposophie in Deutschland, 809, ist, abweichend zu den Steiner Vorträgen, die Rede von der Reinkarnation Zarathustras in einem salomonisch-nazarenischen Jesusknaben und der Reinkarnation Buddhas in einem nathanisch-bethlehemitischen Jesusknaben.
34 Zitat entnommen aus: R. Steiner: Die tieferen Geheimnisse des Menschheitswerdens im Lichte der Evangelien, Dornach 1966, 15.
35 Vgl. R. Steiner: Das Lukasevangelium, Dornach 2001, 111.
36 Zitat entnommen aus: Zander: Anthroposophie in Deutschland, 824.
37 Vgl. R. Steiner: Die Mystik im Aufgang des neuzeitlichen Geisteslebens und ihr Verhältnis zur modernen Weltanschauung, Dornach 1977, 41.
38 Anm.: Angelus Silesius, der mit gebürtigen Namen Johannes Scheffler hieß, lebte von 1624 bis 1677 in Breslau. Er war ein deutscher Lyriker und Theologe, dessen tief religiösen, der Mystik nahe stehenden Epigramme zu den bedeutendsten lyrischen Werken des Barock gezählt werden.

in Bethlehem geboren/ Und nicht in dir: du bleibst doch ewiglich verloren" sowie auf die paulinischen Briefe, in denen steht: *„Christus lebt in mir"* (Gal 2,20). Dieser Ausspruch war um 1900 in okkulten Kreisen sehr beliebt. Des Weiteren ist für die Anthroposophen die Leiblichkeit Christi ein wichtiger Punkt. Steiner vertrat die Ansicht, der Leib sei *„eigentlich ein gleichgültiges Objekt [...] gegenüber der Seele."*[39]. Ähnlich wichtig verhält es sich mit der Trinitätskonzeption, die bei Steiner nicht zu finden ist. Zwar ist durchaus die Rede von *„dem Vatergotte, von dem Sohnesgotte und dem Gotte, dem Heiligen Geist"*,[40] doch erscheint dieses Trinitätskonzept eher mythologisch und polytheistisch als christlich-theologisch.

Steiners Christologie beinhaltet zwar Annäherungen an die kirchliche Dogmatik, muss jedoch trotz allem als *„eine vielfach anlaßgebundene spekulative Weltanschauung"*[41] betrachtet werden.

---

39 Zitat entnommen aus: R. Steiner: Mysterium, 188.
40 Zitat entnommen aus: R. Steiner: Das Geheimnis der Trinität. Der Mensch und sein Verhältnis zur Geistwelt im Wandel der Zeiten, Dornach 1999, 171.
41 Zitat entnommen aus: K. von Stieglitz: Die Christosophie Rudolf Steiners. Voraussetzungen, Inhalte, Grenzen, Witten a.d. Ruhr 1955, 240.

## 2. Zur Begrifflichkeit von Gut und Böse in der Ethik

Die Begriffe „Gut" und „Böse" können in der Ethik wie auch in der christlichen Ethik nicht alleine betrachtet werden. Das Böse wird immer vom Guten bedingt.

Obwohl das Gute in der praktischen Philosophie zu den zentralen Begrifflichkeiten zählt, kann es keinesfalls eindeutig bestimmt werden.[42] Häufig wird deshalb zwischen einer relativen und einer absoluten Bedeutung des Begriffs unterschieden. Zum einen kann das Gute als Eigenschaft verstanden werden. Diese Eigenschaft kann sich sowohl auf einen Gegenstand als auch auf eine Handlung, eine Aussage oder ähnliches beziehen. Dabei bedeutet hier „gut sein" die Erfüllung der Möglichkeiten, die diesem Gegenstand, der Handlung oder Aussage zur Verfügung stehen, demnach eine Vollendung des Größtmöglichen. Zum anderen kann das Gute als Beschreibung für etwas dienen, das gut für etwas anderes oder gut zu etwas anderem ist. Diese Bedeutung wird jedoch seltener verwendet. Die Philosophie bezeichnet jedes Sein als Gutsein, sie sagt, dass Sein Gutsein heißt *„jedes Seiende ist u. ist gut in dem Maß, in dem es seinem vorgängigen Wesensbegriff entspricht; [...]."*[43] Aristoteles beschreibt das Gute in der von ihm begründeten praktischen Philosophie als absolutes Ziel, mithilfe dessen der Mensch ganz er selbst werden kann.[44] Durch diese Definition des Guten als zuletzt zu Erstrebendes kommt es zu einer engen Verbindung des Guten mit dem Glück (aber zu keiner Gleichsetzung!). Heutzutage wird das Gute nicht mehr primär als Eigenschaft des Seins verstanden, sondern eher als Beschreibung jener Güter verwendet, die zur Befriedigung der menschlichen Bedürfnisse dienen. Das Gute wird jenen zugeord-

---

42 Vgl. M. Forschner: Das Gute, in: Hg. O. Höffe, Lexikon der Ethik, München 72008, 127.
43 Zitat entnommen aus: Ebd.
44 Vgl. Aristoteles: Nikomach. E, Buch III.

net, die die Normen, die zur Realisierung der menschlichen Bedürfnisse dienen, befolgen und umsetzten. So kann festgehalten werden, dass

> *„'[g]ut' heißt, was Ziel-Maßstab ist oder ihm entspricht und seiner Verwirklichung dient, nämlich was als verlässlich und tauglich vertraut, was zweckmäßig und hilfreich ist, was beglückt und befriedet, sich als erstrebens-, liebens- und achtenswert erweist, zu Recht seine Verwirklichung verlangt und zu befreiender Hingabe einlädt, um so den Menschen als handelndes Wesen zu sich selbst zu bringen, kurz: das Nützliche, Erfreuliche und -primär- in sich Sinnvolle."*[45]

Um der christlich abgeleiteten Ethik gerecht zu werden, lässt sich die Definition des Guten durch die biblische Überzeugung von der grundsätzlichen Güte der Schöpfung und der Geschöpfe sowie ihrem göttlichen Schöpfer als das höchste Gut und somit die Rückkehr zu ihm als das endgültige Erreichen des höchsten Ziels erweitern. Hier wird nun nicht mehr die Befriedigung der menschlichen Bedürfnisse als das Gute in den Vordergrund gerückt, sondern ein Handeln im Namen des Glaubens, dass zu einem vor Gott gelingenden Leben gehört, mit dem Ziel, zum absolut Guten, Gott selber, zurückzukehren.

Das Böse hingegen ist, wie oben bereits erwähnt, vom Guten abhängig. Da alles was ist, laut Augustinus, auch gut ist, tritt der Begriff des Bösen als eine Art Gegensatz zum Guten auf. Das Böse ist also negativ abhängig vom Guten und hat keine „Eigenwirklichkeit".[46] In der Philosophie wird es als Folge unvollständigen, menschlichen Wissens gesehen. Das Böse gäbe es demnach gar nicht, wäre das menschliche Wissen vollständig. Die Auffassung des Bösen bildet auch das Grundproblem der

---

45 Zitat entnommen aus: K. Hilpert: Gut, das Gute, in: Hg. G. W. Hunold, Lexikon der christlichen Ethik, Freiburg im Breisgau 32003, 767ff.
46 Vgl. W. Vossenkuhl: Das Böse, in: Hg. O. Höffe, Lexikon der Ethik, München 72008, 34.

Theodizee: Wie kann es das Böse geben, wenn es doch Gott als das absolut Gute gibt? Die Erklärung wird in der Schuld und Unwissenheit der Menschen gesucht. Luther war der Meinung, dass Gott erst durch das Gute das Böse schafft (Röm7,7ff) und Hegel bezeichnete das Böse als „Übergangsphänomen".[47] Die Ethik, die eine sittliche Erziehung des Menschen fordert, setzt das Böse mit all seinen Fähigkeiten voraus. Sie sieht menschliche Schuld als Ursache des Bösen. Die christlich abgeleitete Ethik versteht daher die Sünde (als Synonym für das Böse) auch als unumgänglich, nämlich als vom Menschen frei gewählt und somit als selbst verantwortende Ablehnung des Guten. Der katholische Katechismus sieht die Sünde, also das Böse, sogar als bewusste Abwendung von Gott, dem absolut Guten, an. Die Definition des Bösen als Abwendung von Gott fängt dabei die damalige, teilweise gnostische, Vorstellung vom Weltenkampf zwischen Gut und Böse wieder auf, aus der die Vorstellung des Teufels als personifiziertes Böse hervorging.

Die ethischen Vorgaben bezeichnen das Böse, ebenso wie das Gute, als Freiheit des Menschen, als eigene Verantwortung und Möglichkeit. Deshalb muss, wenn das Böse getan wird, dieses auch als Selbstverschuldung oder, aus christlicher Sicht, als Sünde betrachtet werden.

Eindeutig ist jedoch, dass obwohl die Begrifflichkeiten sich bedingen, Gut und Böse getrennt voneinander betrachtet werden müssen, denn Böses kann niemals gut sein und Gutes ist immer gut und niemals böse.

---

47 Vgl. G. W. F. Hegel: Vorlesungen über Rechtsphilosophie. 1818-1831. Das Gute und das Gewissen, Stuttgart 1974.

## 3. „Christus im Verhältnis zu Luzifer und Ahriman - die dreifache Wesensgestaltung"[48]

Viele der Vorträge und Schriften Rudolf Steiners, die in denjenigen Jahren entstanden, in denen er der Theosophie angehörte sowie ihre Vorstellungen adaptierte und in denen bereits eine gewisse Distanzierung seinerseits zur Theosophie zu erkennen ist, behandeln seine Christologie. Vor 1900, also vor dem beginnenden Kontakt Steiners zur Theosophie, beschäftigte er sich nur marginal mit Christusvorstellungen. Nach der Trennung von der Theosophie und der Gründung der Anthroposophischen Gesellschaft endete die um 1902 begonnene Konstruktion der Christologie. Nach 1913 gab Steiner nur noch kleinere Nachträge zu dem bereits entstandenen Konstrukt der Christologie.

Da diese Zeit bezüglich Steiners Christusvorstellungen und allem Dazugehörigen eine sehr spannende in dem Wirken Steiners darstellt, bezieht sich dieses Kapitel ausschließlich auf Vorträge bzw. Schriften, die zwischen 1902 und 1915 von Steiner selbst gehalten bzw. verfasst wurden sowie auf Artikel, die zwischen 1903 und 1908 in *„Luzifer"* und *„Lucifer-Gnosis"* erschienen sind. Steiners konkrete Christusvorstellung wird anhand von vier Vorträgen, gehalten am 11. Oktober 1909 in Berlin, am 12. Oktober 1911 in Karlsruhe, am 2. Mai 1913 in London und am 18. Mai in Linz, betrachtet. Es wäre wahrscheinlich spannend, die Veränderung und Wandlung in Steiners Christusvorstellungen und der entstandenen Christologie zu beobachten (nach Zander kann eine täglich wechselnde Auffassung beobachtet werden![49]). Da es in dieser Arbeit allerdings nicht um die Entstehung, sondern um den Inhalt geht, ist dieser Teil nicht (wie der größte Teil des ersten Punktes) chronologisch, sondern in sich logisch und auf die Fragestellung hinarbeitend aufgebaut. Daher kann es vorkommen, dass zum Beispiel ein Vortrag Steiners vom

---
48 Zitat entnommen aus: Steiner: Geheimnis.
49 Vgl. Zander: Anthroposophie in Deutschland, 781.

Steiners vom August 1915 vor einer Schrift aus dem Jahre 1908 betrachtet wird.

Steiners Aufmerksamkeit galt nicht nur, wie zuvor mehrmals erwähnt, der Christusvorstellung und dem damit eng verbundenen Mysterium von Golgatha. Auch die andere Seite, die, wie Menschen mit einer christlichen Sozialisation behaupten würden, „Böse Seite", beschäftigte ihn. Er ergänzte, wie in Punkt 1.3 kurz erwähnt, traditionelle christliche Vorstellungen mit mythologischen Elementen aus außerbiblischen Quellen und erweiterte die biblische Theologie um das polare Paar Luzifer und Ahriman. Diese „Böse Seite" bei Steiner, wird anhand von sechs Vorträgen (vier gehalten in Dornach am 18.10.1915, am 24.10.1915, am 25.10.1915 sowie am 01.11.1915, einer in München am 31.08.1913 und einer gehalten in Linz am 18.05.1915) sowie mithilfe eines Artikels der Zeitschrift „Lucifer-Gnosis" aus dem Jahre 1903 beschrieben. Die Auswahl ergibt sich dadurch, dass es sich bei diesen Vorträgen um jene handelt, die sich am ausführlichsten mit Luzifer und Ahriman beschäftigten und somit die meisten Informationen bieten. Ähnlich verhält es sich mit den fünf Vorträgen zum Steinerschen Christusbild. Alle stammen aus Vortragszyklen über religiöse Themen und zeigen das Christusverständnis am deutlichsten auf.[50]

Das polare Gegensatzpaar Luzifer und Ahriman stellte Steiner in ein Verhältnis zu Christus, in welchem Christus als „Repräsentant des höchsten Menschlichen"[51] gesehen werden muss. Alle drei zusammen bezeichnet Steiner als „dreifache Wesensgestaltung".[52] Steiners Vorstellung der „dreifachen Wesensgestaltung" stellte er plastisch in einer Skulptur dar, die das Goetheanum in Dornach schmückt. Diese Holzplastik, die den Namen „Der

---

50 Anm.: Bei den genannten fünf Vorträgen handelt es sich um Vorträge gehalten am 4., 5. und 12. Oktober 1911 in Karlsruhe, am 2. Mai 1913 in London und am 18. Mai 1915 in Linz.
51 Zitat entnommen aus: Steiner: Geheimnis, 248.
52 Vgl. Steiner: Geheimnis, 248.

Menschheitsrepräsentant" trägt, wird von Steiner selber wie folgt beschrieben:

> *„In der Mitte dieser Gruppe wird eine Gestalt stehen, [...]. Dann finden sich da zwei andere Figuren, die eine zur linken, die andere zur rechten Seite der Christus-Gestalt, [Anm. M. B.: Christus ist die Gestalt in der Mitte], [...]. Diese Christus-Gestalt steht wie vor einem Felsen, [...]. Da oben auf dem Felsen ist eine andere Gestalt, eine geflügelte Gestalt; aber die Flügel sind zerbrochen, und diese Gestalt fällt, weil sie die Flügel zerbrochen hat, in den Abgrund. [...] Denn diese Wesenheit, die herabstürzend mit zerbrochenen Flügeln dargestellt wird, das ist Luzifer. Und auf der anderen Seite, gegen rechts von der Christus-Gestalt aus gelegen, wo der Felsen einen Vorsprung haben wird, da wird der Felsen ausgehöhlt sein. In dieser Aushöhlung ist auch eine Gestalt, die Flügel hat. [...] Die Gestalt in der Höhle klammert sich förmlich ein in die Höhle, man sieht sie in Fesseln, man sieht sie da unten arbeiten, das Erdreich auszuhöhlen [Anm. M. B.: diese Gestalt ist Ahriman]."*[53]

Christus, der in der Mitte der beiden anderen Gestalten steht, streckt den einen Arm Luzifer entgegen und den anderen Ahriman. Diese Geste Christi geschieht, laut Steiner, aus Mitleid. Die beiden Gestalten können dieses jedoch nicht ertragen und Luzifer stürzt bzw. Ahriman windet sich in seinen selbst angelegten Ketten. Steiner betont immer wieder, dass diese Qual der beiden äußeren Figuren nicht von der Mittleren ausgeht, sondern einzig und allein von Luzifer und Ahriman selber ausgelöst wird. Der Christus hingegen hält nur das Verhältnis dieser beiden gegensätzlichen Mächte im Gleichgewicht (Vgl. Anhang Abb. 2 „Der Menschheitsrepräsentant").

---

53  Zitat entnommen aus: Ebd., 248ff.

Da diese Rollenverteilung bzw. dieses Verständnis von Christus abweichend zu dem allgemein gültigen christlichen Verständnis ist und auch die eindeutige Begriffsdefinition von Gut und Böse, wie sie in der (christlichen) Ethik gültig ist, scheinbar nicht mit dem Verständnis Rudolf Steiners übereinstimmt, stellt sich die Frage, inwiefern Steiner abweicht und vor allem, warum es zu diesen Abweichungen kommt. Es ist anhand ausgewählter Vorträge, Schriften und Artikel zu untersuchen, wie das Verhältnis von Ahriman und Luzifer zu Christus aussieht und welche Rolle diese drei Gestalten in Steiners Christologie spielen.

### 3.1 Die zwei Gesichter des Bösen: Luzifer, die „Weltflucht" und Ahriman, die „Weltsucht"

Luzifer und Ahriman bilden ein Paar, das bei Steiner als polarisiert dargestellt wird und trotzdem als Einheit gegenüber von Christus steht. Um die verstrickte Konstruktion Steiners besser verstehen zu können, ist es sinnvoll, die ursprüngliche Bedeutung, Herkunft und Wandlung dieser beiden verschiedenen Gestalten getrennt zu betrachten.

#### 3.1.1 Exkurs II: Die Herkunft Luzifers

Luzifer oder auch Lucifer ist ursprünglich der lateinische Name des Morgensterns oder auch der Venus. Wörtlich übersetzt bedeutet Luzifer „der Lichtbringer" (von lat. lux = Licht und ferre = bringen). Im alten Griechenland tauchte der Mythos des „Lichtbringers" (Phosphoros) oder „dem Bringer der Morgenröte" (Eosphoros) bereits in Homers *Odyssee* oder Hesiods *Theogonie* auf. Luzifers primäre Aufgabe ist es, den neuen Tag heranzuführen. Wie jede mythologische Gestalt gibt es auch um Luzifer ein enges, familiäres Geflecht. So gilt Aurora (griechisch Eos), die Göttin der Morgenröte, als seine Mutter und Astraios, der Gott der Abenddämmerung, als sein Vater (Vgl. Anhang Abb. 3 „Luzifer mit seinen Eltern"). Die heutige, besonders in der christlichen Welt geprägte, Vorstellung des Luzifers speist sich aus verschiedenen biblischen Quellen. Bei Jesaja 14,12-14 wird zum Beispiel wie folgt vom König von Babel berichtet.

> *„Wie bist du vom Himmel gefallen, du schöner Morgenstern! Wie wurdest du zu Boden geschlagen, der du alle Völker niederschlugst! Du aber gedachtest in deinem Herzen: »Ich will in den Himmel steigen und meinen Thron über die Sterne Gottes erhöhen, ich will mich setzen auf den Berg der Versammlung im fernsten Norden. Ich will auffahren über die hohen Wolken und gleich sein dem Allerhöchsten."*[54]

Der darauf folgende Vers berichtet dann jedoch:

> *„Ja, hinunter zu den Toten fuhrst du, zur tiefsten Grube!" (Jes 14,15)*[55]

Diese biblische Stelle wurde mit dem Höllensturz gleichgesetzt. Der König von Babel, der hier als „der Morgenstern" (also Luzifer) beschrieben wird, erfährt den Sturz vom Himmel und die Fahrt hinab zu den Toten ins Totenreich. Da bereits in der griechischen Übersetzung der Bibel, das hebräische Wort „Helel" (Morgenstern) mit dem griechischen Wort „Phosphoros" übersetzt wurde, ist es einleuchtend, dass Hieronymus in der Vulgata diese Stelle mit „Luzifer" übersetzte.

So kam es, dass der Lichtbringer Luzifer mit dem gefallenen Engel und dem Himmelssturz in Verbindung gebracht wurde (Vgl. Anhang Abb. 4 „Der Himmelssturz"). Durch Hesekiel 28, 14ff wurde diese entstandene Vorstellung gefestigt.

Die endgültige Verbindung Luzifers mit dem Satan und somit mit dem Bösen, dem Gegenspieler Gottes, verfestigte sich durch einen überlieferten Drohspruch Jesu im Lukasevangelium

---

[54] Zitat entnommen aus: Die Bibel in der Übersetzung nach Martin Luther, revidierte Fassung von 1984, Stuttgart 1990.
[55] Zitat entnommen aus: Ebd.

(Lk 10,18), in dem es heißt: *„Er sprach aber zu ihnen: Ich sah den Satan vom Himmel fallen wie einen Blitz."*[56]

Durch diesen Vers wurde Luzifer schließlich auch mit dem Satan aus der Johannesoffenbarung in Verbindung gebracht.

Obwohl in der Vulgata an vielen verschiedenen Stellen die Rede von Luzifer, dem Morgenstern, ist (zum Beispiel Ijob 11,17; 38, 32 ; Ps 108,3 ; 2 Petr. 1,19), werden nur die oben genannten Stellen als Beweis für die Übereinstimmung Luzifers mit dem Teufel oder dem Satan angeführt.

Mit Beginn der Neuzeit entflammte eine Diskussion um die Verbindung Luzifers mit dem Teufel. Das Resultat dieser langen Auseinandersetzung war, dass Luzifer wieder seiner ursprünglichen Bedeutung, die des Lichtbringers, zugeordnet wurde. Allerdings ist festzuhalten, dass Luzifer im allgemeinen Sprachgebrauch immer noch mit dem Teufel identifiziert, oder zumindest auf eine Stufe gestellt wird.[57]

### 3.1.2 Exkurs III: Die Herkunft Ahrimans

Ursprünglich kommt der Name Ahriman (Vgl. Anhang Abb. 5 „Bronze Drachen") aus dem alten Iran, wo er auch unter „Angra Mainyu" bekannt war. Das Wort „Angra" muss stets im Gegenteil von dem Wort „Spenta" betrachtet werden, das mit „aufbauend", „freigiebig" oder auch „heilig" übersetzt werden kann. „Mainyu" steht für „Geist", „Gedanke", oder „Vorstellung". Somit kann „Angra Mainyu" mit „zerstörerischer Geist" oder auch „sündhafter Gedanke" übersetzt werden. Durch die Wortwandlung von „Angra Mainyu" zu Ahriman ist allerdings die ursprüngliche Wortbedeutung des Namens verloren gegangen.

---

56 Zitat entnommen aus: Ebd.
57 Vgl. K. Galling: Luzifer, in: Die Religion in Geschichte und Gegenwart. Handwörterbuch für Theologie und Religionswissenschaft. RGG3. Ungekürzte elektronische Ausgabe der 3. Auflage, Berlin ³2004.

„Angra Mainyu" ist beheimatet in den Lehren des Zarathustra, wo er in der jüngeren Avesta[58] eindeutig als Stellvertreter des Zerstörerischen auftaucht. Der Sage nach gilt er als direkter Gegenspieler seines Zwillingsbruders „Ahura Mazda", der das Gute verkörpert. Hier wird beschrieben, dass die Weltgeschichte in vier Zyklen von je 3000 Jahren verläuft. Mit Beginn des dritten Zyklus entflammt ein Kampf zwischen Ahriman und allen Geschöpfen, die dem guten Geist angehören. Dieser Kampf dauert, so steht es in mittelpersischen Religionsbüchern des 9./10. Jahrhunderts vor Christus, 6000 Jahre. Erst wenn dieser Kampf beendet ist, wird Ahriman vernichtet sein und eine neue, unvergängliche Welt geschaffen sein. Mit ihm sollen auch alle „schlechten" Geschöpfe, wie etwa Giftschlangen, Raubtiere, Ratten, Mäuse und Ungeziefer, die er geschaffen hat und die ihm während des Kampfes Untertan sind, vernichtet und ausgelöscht werden. „Angra Mainyu" oder auch Ahriman ist für den Zoroastrismus das, was in christlichen Religionen Satan oder im Islam Shaitan ist.[59]

### 3.1.3 Steiners doppeltes Böse: Luzifer und Ahriman

Steiners Christologie und alle damit verbundenen Phänomene verhielten sich über die Jahre sehr wandelhaft. Noch heute als Tatsache propagierte Aussagen wurden schon ein, zwei Jahre später verworfen.

In einer Art Vorwort[60] zu seiner gerade erschienenen Zeitschrift „Luzifer" ging Steiner 1903 auf die Gestalt Luzifers und seine Bedeutung ein. Steiner versuchte dem Leser die Gestalt Luzifers mithilfe von Goethes „Faust" näher zu bringen. Er beschrieb, wie

---

58  Anm.: Das Avesta stellt das heilige Buch der auf den persischen Religionsstifter Zarathustra zurückgehenden Religion Zoroastrismus dar.
59  Alle Informationen entnommen aus: M. Stausberg: Zarathustra, in: Hg. Ch. Auffarth, J. Bernard, H. Mohr, Religionen der Welt, Stuttgart/Weimar 2006, 315ff; W. Bühler, Anthroposophie als Forderung unsere Zeit, Schaffhausen 1990,137ff; http://www.vollmer-mythologie.de/ahriman, 30.12.2008.
60  Vgl. Steiner: Luzifer-Gnosis, 19ff.

Goethe seinem Doktor Faust „*Erlösung*" verspricht (in Form des Paktes mit dem Teufel), da er (Dr. Faust) nicht „*in dumpfer Gläubigkeit geblieben ist, sondern immer 'strebend sich bemüht' hat*"[61] zu forschen und Weisheit zu erlangen. Steiner sah diese Weisheit, die durch Forschung und Wissenschaft erlangt wurde, als Gabe Luzifers. Alle Menschen, die nach Erkenntnis streben, bezeichnete er in diesem Aufsatz als Kinder des Luzifers. Als Beispiele nannte er chaldäische Sternkundige, ägyptische Priesterweisen sowie indische Brahmanen, außerdem nannte er Kopernikus, Galilei und Darwin „*Kinder des Luzifers unserer Zeit*". Diese Beschreibung des Luzifers, wie Steiner sie gab, scheint einleuchtend. Ableitend von Luzifer, dem Träger des Lichts, beschrieb er Luzifer hier als Träger der Erkenntnis. Ebenso ging er auf die alte Vorstellung des Luzifers als Schlange (Gen 3) ein, wobei auch hier durch Luzifer die Erkenntnis in die Welt gebracht wird. Dieser Aufsatz Steiners definiert Luzifer durchweg positiv. Steiner propagierte: „*Es heißt das Herz mit dem Kopfe entzweien, wenn man Gotte zum Gegner des Luzifers macht.*"[62]

Dieser Aufsatz entstand, als Steiner Luzifer noch als Lichtträger bezeichnete und ihn nicht als geistige Macht oder als Gegenpol zu Ahriman sah. In seiner Autobiografie ließ er 1925 bezüglich dieses Themas verlauten: „*So weit war damals der Inhalt der Anthroposophie noch nicht ausgebildet.*"[63]

Erst durch die Einführung des Ahrimans und die Gegenüberstellung der beiden Gestalten (Luzifer und Ahriman) zu Christus, entstand die komplizierte Verknüpfung dieser drei, die heute weitestgehend in der Anthroposophie Gültigkeit hat.[64]

Vor Luzifer, über den Steiner in dem oben beschriebenen Artikel nur Gutes verkünden ließ, und es sich beinahe nach einem Rat anhörte, selbst ein Kind eben desselben zu werden, indem man Erkenntnis sammle, warnte Steiner mit der Einführung des

---

61 Zitat entnommen aus: Steiner: Luzifer-Gnosis, 28ff.
62 Zitat entnommen aus: Ebd.
63 Zitat entnommen aus: Steiner: Lebensgang, 315
64 Vgl. Zander: Anthroposophie in Deutschland, 834.

Ahrimans. Am 18. Oktober 1915 riet er in einem Vortrag in Dornach seinen Zuhörern:

> *„Es muss dafür gesorgt werden, daß beim Menschen nicht alles Luzifer und Ahriman verfallen kann, was vom Kopfe ausgeht. Es mußte dafür gesorgt werden, daß nicht alles beruht auf Kopfarbeit und äußerer sinnlichen Wahrnehmung, denn dann würden Luzifer und Ahriman gewonnenes Spiel haben."*[65]

Alles, was ein paar Jahre zuvor noch als rein positiv zu betrachten schien, musste nun offensichtlich gemieden oder gefürchtet werden. Luzifer unterlief nicht nur einer einfachen Wandlung, indem er vom Guten zum Bösen mutierte. Vielmehr behielt er seine Aufgabe als Bringer der Erkenntnis bei, die allerdings nicht mehr nur positiv behaftet schien. Diesem ganzen Szenario wird in Form von Ahriman (Vgl. Anhang Abb. 5 „Der steinersche Ahriman") eine zweite Seite gegenüber gestellt. Steiner teilte dadurch das Böse in das zweifache Böse[66] auf, wobei jeder Seite ein eigener Handlungsbereich zugeteilt wurde. Als ahrimanisch, also Ahriman zugeteilt, wurde (und wird immer noch) dabei alles bezeichnet, was materialistisch war. Hierzu gehören zum Beispiel Habgier, Hass und Machttrieb (zur Verdeutlichung: das „ABC der Anthroposophie" spricht bei Abtreibung, Vernichtung menschlichen Lebens aus Nützlichkeitsüberlegungen oder auch Zuchtwahl von ahrimanischen

---

[65] Zitat entnommen aus: R. Steiner: Die okkulte Bewegung im neunzehnten Jahrhundert und ihre Beziehung zur Weltkultur. Bedeutsames aus dem äußeren Geistesleben um die Mitte des neunzehnten Jahrhunderts, Dornach 1986, 91.

[66] Anm.: Das „zweifache" Böse ist keine Erfindung Steiners, sondern taucht bereits im Alten wie auch im Neuen Testament auf. Im Alten Testament findet sich im Buch Hiob mit den Ungeheuern Leviatan und Behemot die Doppelheit des Böse wieder (Ijob 3,8; 40,15-19; 40,25) und im Neuen Testament ist in der Offenbarung die Rede von dem Drachen, der teuflische wie auch satanische Eigenschaften trägt (Offb 12,7-10). Auch die alten Griechen wiesen mit dem Bild von Skylla und Charybdis bereits auf die Doppelnatur des Bösen hin.

Kräften[67]). Luzifer hingegen steht für das Streben nach einem gesteigerten Selbstgefühl. Er erfüllt die Menschen mit einer Begeisterung für hohe Ziele. Das hört sich zunächst positiv an, muss aber mit Vorsicht betrachtet werden, da es schnell zu Hochmut, Stolz, Selbstherrlichkeit oder Überheblichkeit kommen kann. Ahriman steht daher für eine gewisse „Verhärtung" während Luzifer „anfeuert". Beide Kräfte sind nun bestrebt den Menschen zu beeinflussen. Ahriman versucht über das Denken der Menschen Gewalt über sie zu bekommen:

> *„[...], denn Ahriman hat immer das intensivste Bestreben, die Menschen um ihren individuellen Verstand zu bringen und ihn sich selbst anzueignen, so daß der menschliche Verstand nach Meinung Ahrimans in ahrimanische Gewalt übergehen sollte. Ahriman hat eigentlich [...] immer das Bestreben, den Menschenverstand sich anzueignen und den Menschen nicht darauf kommen zu lassen, was alles sein Verstand kann."*[68]

Luzifer hingegen möchte über die Gefühlswelt der Menschen Kontrolle über sie erlangen:

> *„Aber auch Luzifer hat das Bestreben, den Menschen durch seinen Willen dahin zu bringen, daß er nicht aus durchdachten, durchgeistigten Impulsen heraus handelt, sondern aus Impulsen, die dem bloßen Temperament, den bloßen Neigungen entspringen. Da wieder greift Luzifer ein, und macht uns zu seiner Beute."*[69]

Einzeln wären diese beiden Kräfte bei Gefahr noch von den Menschen zu kontrollieren und abzuwehren. So wie es etwa bei den alten Ägyptern oder, wenn auch schon nicht mehr ganz so aus-

---

67  Vgl. A. Baumann: ABC der Anthroposophie. Ein Wörterbuch für jedermann, Bern 1986, 3.
68  Zitat entnommen aus: Steiner: Okkulte Bewegung, 175.
69  Zitat entnommen aus: Steiner: Okkulte Bewegung, 177.

ausgeprägt, in der griechisch-lateinischen Kulturepoche der Fall war. Steiner war aber der Meinung, dass in unserer heutigen Zeit beide Mächte immer mehr miteinander verknüpft seien und ein Knäuel von wild miteinander verknoteten ahrimanischen und luziferischen Fäden entstanden sei, die es dem Menschen fast unmöglich machen würden, diese Mächte abzuwehren. So kommt es auch, da war Steiner sicher, dass die Menschen begannen, Luzifer und Ahriman zu entfliehen, anstatt sich ihrer zu stellen und gegen sie zu kämpfen. In einem Vortrag, den er am 25. Oktober 1915 vor der Anthroposophischen Gesellschaft in Dornach hielt, wies er einem Menschen, der seiner Meinung nach unter luziferischer Gewalt stehe, Zwangsvorstellungen zu. Er referierte, dass die neueren Ärzte eigens dieser Erscheinung den Wortlaut zusprachen[70]. Auch der aus der Psychiatrie stammende Ausdruck „Berührungsfurcht" sei eine Verirrung des normalen menschlichen Bewusstseins und damit, laut Steiner, eindeutig auf luziferische Kräfte zurückzuführen. Auch ahrimanische Kräfte konnte Steiner mit einer Anekdote[71] (die *„wahrer ist als wahr, da sie wahrhaft ist"*[72]) unterstreichen. Dabei handelt es sich um einen Mann, der in ein Dorf geritten kommt, um den Bürgermeister zu besuchen. Viele Menschen schauen ihm zu, wie er sein Pferd vor des Bürgermeisters Stall festbindet. Als er nach zwei Tagen wieder abreisen will, ist sein Pferd verschwunden. Der Bürgermeister versichert, dass niemand dieses Pferd gestohlen hat, sondern dass er zu Fuß und ohne Pferd gekommen sei. Um Gewissheit zu erlangen, befragen sie alle Einwohner des Dorfes und alle versichern, dass sie kein Pferd gesehen haben und dass der Mann gewiss zu Fuß gekommen ist. So verlässt der Mann ohne Pferd und zu Fuß dieses Dorf. Einige Zeit später reitet der Bürgermeister dem Mann nach und bringt ihm das Pferd. Der Mann fragt, warum er diese Komödie mit ihm getrieben habe und der Bürgermeister antwortet: „Ich wollte dir nur meine Gemeinde vorstellen." Für Steiner war hier

---

70 Vgl. Steiner: Okkulte Bewegung, 177.
71 Vgl. Ebd., 178.
72 Vgl. Ebd.

eindeutig Ahriman im Spiel und die Anekdote wahrer als wahr, da sie sich fortwährend unter allen Menschen vollzieht.

Da diese beiden Mächte (hier einzeln durch weltliche Beispiele verdeutlicht) sich nicht mehr, wie bereits erwähnt, vergleichbar der ägyptischen Kultur die Waage halten, sondern verschmelzen, rief Steiner dazu auf, dass der Mensch selbst in die Position tritt, diese beiden Mächte auszupendeln.[73] Er empfiehlt die Mitte der beiden Mächte zu finden. Verdeutlicht an einem Beispiel würde das bedeuten, dass weder Trägheit oder Faulheit (ahrimanisch) noch Übereifrigkeit oder übergroße Betriebsamkeit (luziferisch) gut seien. Auch die Askese (luziferisch) ist nicht besser als die Begierdenhaftigkeit (ahrimanisch), oder der Geiz (ahrimanisch) nicht besser als die große Freigiebigkeit (luziferisch), erst der Mittelweg ist das zu Erlangende.[74] Da jeder Mensch ständig diesen verführenden Mächten ausgesetzt ist, darf auch keine Flucht vor ihnen stattfinden.

> *„Nicht dadurch, daß man sagt: Luzifer! ich fliehe ihn, Ahriman! ich fliehe ihn -, stellt man sich zu ihnen in das richtige Verhältnis, sondern dadurch, daß man das, was der Mensch infolge des Christus-Impulses anzustreben hat, betrachtet wie die Gleichgewichtslage eines Pendels. Der Pendel ist in der Mitte im Gleichgewicht, er muß aber nach der einen und der anderen Seite ausschlagen. So ist es auch in der Erdenentwicklung des Menschen. Der Mensch muß auf der einen Seite ausschlagen nach dem luziferischen Prinzip, auf der andern Seite nach dem ahrimanischen Prinzip[...]."*[75]

---

73 Anm.: Für diesen Pendelakt gibt es verschiedenste Methoden, wie zum Beispiel das Erlangen der achten Sphäre (nachzulesen in: Steiner: Okkulte Bewegung, 81 ff ) oder auch durch selbst initiiertes (im Gegensatz zur Naturinitiation: siehe Punkt 3.2.2) Erreichen der „Höheren Welten" (nachzulesen in: R. Steiner: Wie erlangt man Erkenntnisse der höheren Welten?, Dornach 1961).
74 Vgl. Bühler: Anthroposophie, 132ff.
75 Zitat entnommen aus: Steiner: Geheimnis, 250ff.

Dieser Pendelakt wird dem Menschen auferlegt, aufgrund des Christus- Impulses (siehe Punkt 3.2.2). Menschen, die diesen Pendelakt nicht vollziehen (da ihnen der Christus-Impuls fehlt) neigen dazu, besonders zu der einen oder der anderen Seite auszuschlagen. Steiner konkretisierte dieses Phänomen in einem am 15. Mai 1915 gehaltenem Vortrag in Linz. Hier verkündete er, dass die asiatische Religionsentwicklung etwas luziferisches in sich trage, und auch das orthodoxe Christentum trage, glaubt man Steiner, einen großen Teil luziferischer Elemente in sich. Anders verhielte es sich mit der amerikanischen Kultur. Dadurch, dass in Amerika immer alles „handgreiflich" gemacht würde und eine „materialistische Erfassung des geistigen Lebens"[76] stattfände, treten hier deutlich ahrimanische Kräfte zutage. Steiner sprach nun aus, worauf dieses alles hinauslaufen würde:

> „Blicken wir nach Osten, so haben wir das luziferische Element, blicken wir nach Westen, so haben wir das ahrimanische Element. Und die so unendlich bedeutungsvolle Aufgabe, die wir zwischen West und Ost in Mitteleuropa haben, das ist die, das Gleichgewicht zu finden."[77]

Obwohl in keinem der Steinerschen Vorträge oder Aufsätze dieses implizit geschrieben steht, wird nun deutlich, dass sowohl Luzifer als auch Ahriman eigentlich nur die Begründung oder auch Rechtfertigung Steiners für das Streben nach dem „Christus-Impuls" sind. Zwar erwähnte Steiner häufiger, dass der Sinn nicht nur zu Christus hinführte, sondern zu der „dreifachen Wesensgestaltung", allerdings sagte er auch, dass die Geisteswissenschaft (Anm. M. B.: Steiner sprach stets von der „Geisteswissenschaft", wenn er seine Anthroposophie meinte, siehe Punkt 5.1) dieses Verhältnis erst noch herausbringen müsse.[78] Luzifer und Ahriman spielen eine große Rolle in der anthroposophischen Weltanschauung, kommen allerdings nur schwer

---

76 Zitat entnommen aus: Ebd., 258.
77 Zitat entnommen aus: Steiner: Geheimnis, 258.
78 Vgl. Ebd., 259.

ohne Christus als Gegenspieler aus. Sie werden quasi benutzt, um die Größe Christi zu demonstrieren und zu zeigen, welche Bedeutung das Erlangen des Christus-Impulses für die Menschen hat. Steiner stellte also dem Bösen, dem, wovor es zu warnen galt und was gefürchtet werden müsse, das es aufzuhalten und abzuwehren hieße, eine vom ihm eigens entworfene Lösung entgegen.

### 3.2 Jesus - der Christus (!?)

Als Erlöser, Messias und Sohn Gottes wird Jesus Christus bereits im Alten Testament angekündigt. Die vier Evangelien von Matthäus, Markus, Lukas und Johannes berichten von Jesu Geburt, Wirken und letztlich auch von dessen Tod am Kreuz. Neben diesen Berichten über Jesus Christus steht die historische Person des Jesus von Nazareth. Über Jahrhunderte hinweg beschäftigte diese Persönlichkeit die verschiedensten Menschen und Menschengruppen und auch heute ist sie noch immer ein brisanter Forschungsgegenstand.

Im Jahre 1902, mit seinem Eintritt in die Theosophische Gesellschaft, begann auch Rudolf Steiner sich für das Christentum zu interessieren und seine eigenen Theorien bezüglich dieser Religion aufzustellen. Da er sich allerdings weniger mit historischen Ansätzen als mit mystischen Aspekten[79] (gerade in Bezug auf die Evangelien) beschäftigte, kam er zu sehr eigenen Interpretationen das Leben Jesu betreffend. In den ersten Jahren, in denen Steiner über Jesus oder das Christentum sprach oder schrieb, verlieh er beidem noch keinen Absolutheitsanspruch. Erst mit der Wandlung des Jesus zum Christus endete die Gleichstellung von Jesus Christus mit Persönlichkeiten aus anderen Religionen wie zum Beispiel Buddha.[80]

---

79 Vgl. R. Steiner: Das Christentum als mystische Tatsache und die Mysterien des Altertums, Dornach 1959, 112.
80 Vgl. Zander: Anthroposophie in Deutschland, 790.

### 3.2.1 Die zwei Jesusknaben

In einem am 12. Oktober 1911 in Karlsruhe gehaltenen Vortrag[81] sprach Steiner sehr ausführlich über das Leben Jesu von dessen Geburt bis zum dreißigsten Lebensjahr. In diesem Jahr fand laut Steiner die Wandlung vom Jesus zum Christus statt.[82] Häufig referierte er auch seine Interpretationen der Evangelien.

Für Steiner gab es zur Zeit Jesu Geburt zwei Knaben in Palästina, die beide als Jesusknaben in Frage kamen. Der eine aus der salomonischen Linie des Hauses Davids (das Jesuskind aus dem Matthäusevangelium) und der andere aus der nathanischen Linie des Hauses Davids (das Jesuskind aus dem Lukasevangelium). Das salomonische Jesuskind stellte eine Reinkarnation des Zarathustra dar und brachte somit auch sämtliche Eigenschaften des Zarathustras, wie etwa große innere Kräfte, mit. Da bereits der Knabe im Kindesalter eben diese großen Kräfte von Zarathustra innehatte, kam es zu einer frühen Entwicklung des Kindes. Allerdings war er, trotz Reinkarnation, immer noch Mensch.

Der andere Jesusknabe aus der nathanischen Linie hingegen wurde von Steiner als Reinkarnation des Buddhas beschrieben, der eher zurückgeblieben und unbegabt schien. Geistige Dinge fielen ihm, im Gegensatz zu körperlichen Dingen, (Steiner wies darauf hin, dass der Knabe bereits von Geburt an sprechen konnte, auch wenn es sich um eine unverständliche Sprache handelte[83]) sehr schwer. Er war mehr ausgelegt auf „Herzeigenschaften" die ihm dazu verhalfen, „Wohltaten" zu vollbringen. Dieser Jesusknabe war ganz und gar von luziferischen oder ahrimanischen Kräften verschont geblieben, lebte also in einem völlig reinen Leib. Als die beiden Knaben das zwölfte Lebensjahr

---

81 Vgl. R. Steiner: Vom Jesus zum Christus, Dornach 1974, 173- 189.
82 Vgl. Ebd., 186.
83 Anm.: Die Sprachentwicklung wie wir sie heute kennen, gibt es laut Steiner erst, seitdem luziferische und ahrimanische Kräfte in unsere Welt gekommen sind, davor sprachen alle Menschen eine Ursprache. Vgl. Steiner: Jesus, 180.

erreicht hatten, ging die Individualität des Zarathustra aus dem salomonischen Jesusknaben des Matthäusevangeliums in den Körper des nathanischen Jesusknaben des Lukasevangeliums über. Steiner sah diesen Wandel angedeutet in der Szene des zwölfjährigen Jesus im Tempel (Lk 2,41- 52) und erklärte so auch die Verwunderung der Herreneltern: *„Und alle, die ihm zuhörten, verwunderten sich über seinen Verstand und seine Antworten."* (LK 2,47). Der komplett unbefleckte Leib des nathanischen Jesusknaben wurde also durch das fortgeschrittene Individuum des anderen bereichert und vervollständigt.

Wie dann aus diesem Jesusknaben (der trotz des Zusammenschlusses der Buddha-Inkarnation und der Zarathustra-Inkarnation immer noch „nur" Jesus war), der Christus wurde, beschrieb Steiner bereits 1902 in seinem Werk *„Das Christentum als mystische Tatsache und die Mysterien des Altertums"*. Er schrieb:

> *„ Je höher die Geistigkeit, desto größer die Möglichkeit, Bedeutsames zu vollbringen. Und so konnte die Jesus-Individualität fähig werden, jene Tat zu vollbringen, welche die Evangelien in dem Vorgang der Johannes-Taufe so geheimnisvoll andeuten, und durch die Art, wie sie darauf hinweisen, doch so klar als etwas Wichtigstes bezeichnen. - Die Persönlichkeit des Jesus wurde fähig, in die eigene Seele aufzunehmen Christus, den Logos, so daß dieser in ihr Fleisch wurde. Seit dieser Aufnahme ist das „Ich" des Jesus von Nazareth der Christus, und die äußere Persönlichkeit ist der Träger des Logos."*[84]

Steiner stellte sich diesen Vorgang so vor, dass das sehr weit entwickelte menschliche Ichwesen des Jesus den Körper verließ und dafür das göttliche Christuswesen in diesen Körper hineinfuhr. Steiner sah dieses symbolisiert anhand der Taube, die bei

---

84 Zitat entnommen aus: Steiner: Christentum, 148.

der Taufe Jesu am Jordan herabgeflogen kam (Lk 3,21; Mt 3,16; Mk 1,10; Joh 1,32).

Dieses Ereignis, das sich um den Zeitpunkt der Taufe vollzogen haben soll, wird in späteren Schriften und Vorträgen Steiners nur noch als das „Christus-Ereignis" bezeichnet.

### 3.2.2 Das Mysterium von Golgatha

> *„Von allen Mysterien ist das Mysterium von Golgatha am schwersten zu verstehen, sogar für diejenigen, die in okkulten Erkenntnissen schon vorgeschritten sind, und von allen Wahrheiten, mit welchen die Menschheit in Beziehung kommen kann, ist es diejenige, die am leichtesten mißverstanden werden kann."*[85]

Mit diesen Worten begann Steiner am 02. Mai 1913 in London einen Vortrag, welcher sich mit dem Mysterium von Golgatha beschäftigten. Der Tod und die Auferstehung von Christus[86] am dritten Tag wurde von Steiner als ein Mysterienvorgang aufgefasst, der eine enorm hohe Stellung in seiner Christologie einnimmt. In vielen Vorträgen und Schriften Steiners bezüglich dieses Themas war auch die Rede vom „Mittelpunktgeschehen" oder „Schwerpunkt" der Erdentwicklung und „Zeitenwende".[87] Steiner sprach beim Mysterium von Golgatha von *„einem einzigartigen Ereignis in der Evolution der Erde".*[88]

Das Wesentliche dieses Mysteriums war, so sah es auch Steiner, der Tod, durch den Christus gehen musste. Da Steiner Christus

---

[85] Zitat entnommen aus: R. Steiner: Vorstufen zum Mysterium von Golgatha, Dornach 1964, 31.
[86] Anm. M. B.: Steiner spricht stets von „dem" Christus (gebraucht also einen Artikel), da Christus übersetzt „der Gesalbte" heißt, und Steiner der Meinung war, dass der Christus in Anlehnung an den Gesalbten nicht ohne Artikel stehen kann. Da im allgemeinen Sprachgebrauch Christus jedoch ohne Artikel gebraucht wird, wird auch diese Arbeit keinen Artikel verwenden.
[87] Vgl. Steiner: Vorstufen.
[88] Zitat entnommen aus: Steiner: Vorstufen, 31.

allerdings für eine höhere oder auch himmlische Wesenheit hielt, ist dieser Tod etwas ganz besonderes, der dieser Wesenheit erspart geblieben wäre, hätte sie nicht die höheren Sphären verlassen und wäre sie nicht auf die Erde zu den Menschen gekommen. Dadurch, dass diese Wesenheit freiwillig eine Todeserfahrung durchgemacht hat, die eigentlich den Menschen vorbehalten ist, wird ein sehr enges und inniges Band zwischen Christus und den Menschen geknüpft. Durch dieses Band bindet Christus sich an die Menschen und ihr Leben auf der Erde. Zwar ist der physische Leib des Jesus von Nazareth nach dessen Tod abgelegt, allerdings lebt das innere Ich des Christus weiter in einer Art Engelsgestalt, die, wie Steiner beschrieb, in der geistigen Sphäre der Erde lebt. Dort kann sie nun von Menschen, die des „Schauens"[89] fähig sind (Steiner zählte sich selber dazu) angetroffen werden. Diese Menschen werden auch, glaubt man Steiner, nach und nach, das komplette Mysterium aufzeigen können (Steiner machte mit seinem fünften Evangelium, der „Akasha-Chronik",[90] den Anfang. Aus dieser Schau hat Steiner angeblich all sein Wissen über Jesus erhalten.). Damit Christus allerdings von den Menschen geschaut werden kann, war es notwendig, dass er auf die Erde kam, und in Gestalt des Jesus von Nazareth Mensch wurde. Steiner verglich dieses Erscheinen und dessen Bedeutung mit einem Auge, dass nur dadurch sehen kann, dass es das Licht gibt.[91] Er sagte:

---

89 Anm. M. B.: Mit „Schauen" ist hier das Hellsehen (allerdings nicht in die Zukunft) oder das Sehen in andere Weltensphären gemeint.
90 Vgl. R. Steiner: Aus der Akasha- Chronik, Dornach 1955.
91 Anm.: Steiner übernimmt den Vergleich mit Auge und Licht von einem Goethe Zitat, in dem es heißt: „ Wär` nicht das Auge sonnenhaft, Die Sonne könnt` es nie erblicken." Dieses Zitat stammt aus dem 3. Buch von Goethes „Zahmen Xenien" (1824), wo auch geschrieben steht: „Läg` nicht in uns des Gottes eigne Kraft/ Wie könnt uns Göttliches entzücken?" Ähnliche Verse finden sich schon in der 1810 veröffentlichten Abhandlung „Zur Farbenlehre". Die Philosophie, dass Erkenntnis nur durch etwas bereits Bestehendes erkannt werden kann, kommt ursprünglich von dem griechischen Philosophen Plotin (ca. 205-270), der in „Enneaden" schreibt: „Nie hätte das Auge die Sonne gesehen, wäre es nicht selbst sonnenhafter Natur" bzw. von dem römischen Astronom Marcus Manilius ( Beginn des 1. Jh.), in

*„Wie ein Auge nur entstehen kann durch die Wirkung des Lichtes, so ist es notwendig für einen mystischen Christus, daß der wirkliche, der historische Christus da war."*[92]

Währe Christus nicht Mensch geworden und hätte nicht den Tod auf sich genommen, könnten die Menschen ihn nicht erfahren und nicht schauen.

Steiner betonte nun in diesem Vortrag in London, dass nur die Menschen, die entweder die Wahrheit, die diesem Schauen folgen wird, selber erkennen oder ihr folgen werden, zu den Auserwählten gehören, auch wenn es nach außen wie Torheit aussehen mag. Er schloss seinen Vortrag mit den Worten:

*„Von jetzt ab gibt es eine neue Offenbarung des Christus. Wir wollen bereit sein, sie anzuerkennen, wir wollen zu jenem kleinen Kreis gehören, der dazu helfen will, damit sie größer, dauernd werde, wir wollen auf die innere Kraft einer solchen Offenbarung bauen, so daß sie sich unter der übrigen Menschheit ausbreiten möge, denn diese Erkenntnis wird allmählich allen zuteil werden."*[93]

Diese Erkenntnis von der Steiner sprach, kann auf eine freiwillige an sich selbst vollzogene Schulung, die von der Anthroposophie gelehrt wird, erlangt werden.

Allerdings müssen nicht alle Menschen diesen Schulungsweg einschlagen, um die Erkenntnis, die Steiner den Christus-Impuls nannte, zu erlangen. Einige wenige Menschen erlangen diesen Impuls durch eine sogenannte „Naturinitiation". Der beste Zeitpunkt, um auf natürliche Weise zur Erkenntnis zu kommen, ist die Zeit zwischen dem 25. Dezember und dem 6. Januar, da die

---

dessen Lehrgedicht „Astronomica" es heißt: „ Wer erkennte den Himmel, verlieh nicht der Himmel es selbst ihm?/ Und wer fände Gott, der nicht selbst ein Teil ist der Götter?".

92 Zitat entnommen aus: Steiner: Jesus, 34.
93 Zitat entnommen aus: Steiner: Vorstufen, 46.

Erde in diesen Tagen am vigilsten ist.[94] Diese „Naturinitiation" kann auf zwei Wegen stattfinden: Entweder fällt die ausgewählte Person in einen schlafähnlichen Zustand, in dem ihr das „Geisterland" offenbart wird und sie mit der Erkenntnis wieder erwacht (Steiner berichtete von dem Fall Olaf Asteson, dem dieses widerfuhr[95] und auch Paulus widerfährt diese Naturinitiation laut Steiner während des Damaskus-Erlebnisses[96]) oder dieser dem Schlaf ähnelnder Zustand tritt bereits im Mutterleib ein und das Kind kommt bereits mit dem Christus-Impuls auf die Welt (Steiner nannte als Beispiel Johanna von Orleans[97]). Dieses Kind müsste dann allerdings während dieser 12 Tage geboren werden (Johanna von Orleans wurde am 06. Januar 1412 geboren und passt in das Schema). Allerdings war Steiner der Meinung, dass der Weg der Naturinitiation in unserer heutigen Zeit nicht mehr möglich sei, da die Menschen viel zu fortgeschritten seien. Die Menschen der heutigen Zeit müssen die Initiation auf bewusstem Weg erlangen. Dazu, und das macht Steiner eindeutig klar, muss der Weg eingeschlagen werden, den er selber aufgeschrieben hat (diesen Weg hat er in der Akasha-Chronik (Sanskrit für „Das Buch des Lebens") geschaut). Dazu verweist er immer wieder auf sein Werk: *„Wie erlangt man Erkenntnisse der höheren Welten?"*[98]

---

94 Anm.: Steiner geht davon aus, dass die Erde, wie der Mensch auch, einen Geist besitzt. Dieser Erdgeist wacht und schläft, wie der Mensch es in vierundzwanzig Stunden auch tut. Der Schlafzustand der Erde ist während der Sommerzeit und der Wachzustand während der Winterzeit. Besonders wach ist die Erde vom 25.12. bis 6.1..(Vgl. Steiner: Geheimnis, 252 ff).
95 Vgl. Steiner: Geheimnis, 254.
96 Vgl. Steiner: Jesus, 28ff.
97 Vgl. Steiner: Geheimnis, 254ff.
98 Vgl. Steiner: Erkenntnisse.

### 3.2.3 Exkurs IV: Wie erlangt man Erkenntnis der höheren Welten?

Da Steiner häufig auf sein Werk „*Wie erlangt man Erkenntnisse der höheren Welten?*" verwies, scheint es sinnvoll, eine kurze Zusammenfassung zum besseren Verständnis zu geben. Außerdem kann so (eventuell) der Weg zum Erlangen des Christus-Impulses besser nachvollzogen werden.

Steiner erklärte in diesem Werk detailliert den Schulungsweg, der zum Erlangen der Erkenntnis der höheren Welten eingeschlagen werden müsse. Er wies darauf hin, dass jedem Menschen dieser Weg zugänglich sein solle und dass jeder Mensch, halte er sich genau an die vorgegebenen Schritte, das Gleiche über die geistige Welt erfahren könne und zu den gleichen Ergebnissen und Wahrnehmungen kommen könne wie er selbst.[99] Um überhaupt etwas aus der geistigen Welt wahrnehmen zu können, muss der Mensch Sinnesorgane ausbilden, die in der Anthroposophie „Lotusblumen" oder auch „Chakras"[100] (Räder) genannt werden (Steiner hat ebenfalls in sich Lotusblumen ausgebildet). Zu weiteren Voraussetzungen gehört, dass sich der Schüler mit Ernsthaftigkeit auf den Weg macht und der Wahrheit und Erkenntnis Verehrung entgegenbringt. Außerdem müssen Augenblicke der Ruhe geschaffen werden, damit ein reiches Innenleben entwickelt werden kann. Der Mensch soll lernen, Erlebnisse und Taten richtig einzuordnen und Wesentliches von Unwesentlichem zu unterscheiden. Steiner verspricht allen, die dieses erlernen:

---

99 Anm.: Da dieser Schulungsweg (angeblich) exakte und nachprüfbare Schritte anbietet (so Steiner selber), kann sich die Anthroposophie auch „Geisteswissenschaft" nennen.
100 Anm.: Es gibt sechs solcher Lotusblumen: die zweiblättrige zwischen den Augenbrauen, die sechzehnblättrige in der Nähe des Kehlkopfes, die zwölfblättrige beim Herzen, die zehnblättrige in der Nabelgegend sowie die sechs- und die vierblättrige weiter unten. Vgl. Baumann: ABC, 165.

> „Ein Mensch wird leicht ungeduldig [...]. Er durchdringt sich in seinen Augenblicken der Ruhe so sehr mit dem Gefühl von der Zwecklosigkeit vieler Ungeduld, daß er fortan bei jeder erlebten Ungeduld sofort dieses Gefühl gegenwärtig hat."[101]

Der Schüler soll ganz seine Gefühle kontrollieren können. Er soll selbst bestimmen können, ob er sich ärgert, ob er Hunger oder Angst hat und sich nicht von den Gefühlsimpulsen überwältigen lassen. Steiner verspricht allen, die dieses erlernen:

> „Für jeden, der so verfährt, kommt der Tag, wo es um ihn herum geistig hell wird, wo sich einem Auge, das er bis dahin in sich nicht gekannt hat, eine ganz neue Welt erschließen wird."[102]

Der eigentliche Schulungsweg verläuft in drei Phasen, welche sich in Vorbereitung, Erleuchtung und Einweihung gliedern. Ein Teil der Vorbereitung ist es zum Beispiel, zu lernen, anderen Menschen bedingungslos zuzuhören, um so das „innere Wort" zu empfangen.

> „Die Schüler fühlen sich verpflichtet, übungsweise zu gewissen Zeiten sich die entgegengesetzten Gedanken anzuhören und dabei alle Zustimmung und namentlich alles abfällige Urteilen vollständig zum Verstummen zu bringen. [...] Solange man noch irgendeine Meinung, irgendein Gefühl dem zu Hörenden entgegenschleudert, schweigen die Wesenheiten der Geisteswelt."[103]

In der Phase der Erleuchtung sollen durch die Betrachtung verschiedener Gegenstände (zum Beispiel ein Kristall, ein Tier oder eine Pflanze) die Lotusblumen ausgebildet werden. In der nächsten Phase lernt der Schüler ein geheimes Schriftsystem, das ihm

---

101 Zitat entnommen aus.: Steiner, Erkenntnisse, 33.
102 Zitat entnommen aus: Steiner, Erkenntnisse, 31.
103 Vgl. Steiner, Erkenntnisse, 48ff.

das ihm verhilft, in Schriften der geistigen Welt zu lesen. Am Ende der letzten Phase kann der Schüler zu den geistigen Welten emporsteigen, wo er allerdings erst noch an den „Hütern der Schwelle"[104] vorbei muss. Wenn diese drei Phasen durchlaufen sind, kehrt der Schüler auf die Erde zurück und soll der Höherentwicklung und Erlösung der anderen Menschen dienen. Nun ist der Christus-Impuls in den Menschen gefahren und bemächtigt ihn den Pendelakt zwischen Luzifer und Ahriman auszuführen.

Bevor Steiner sein eigenes Werk zum Erlangen des Christus-Impulses herausbrachte, versuchten die Menschen, so glaubte dieser, die Erkenntnis mithilfe der Evangelien zu erlangen. Er beschreibt die Evangelien als „*Wege und Schriften*"[105] die halfen, durch die Seele den Christus zu finden.[106]

Das Ziel, das Steiner den Evangelien zuschrieb und auch seinen eigenen Schriften, dass die Seele den Christus finden konnte, also den Christus-Impuls erleben sollte, bedeutete, dass der Mensch den Christus in sich selber finden musste. Wie bereits in Punkt 1.3 erwähnt, bezog Steiner sich dabei auf Verse des Angelus Silesius, in denen es heißt: „*Wird Christus tausendmal in Bethlehem geboren/ Und nicht in dir: du bleibst doch ewiglich verloren*" sowie auf die paulinischen Briefe, in denen steht: „*Christus lebt in mir*" (Gal 2,20).

---

[104] Anm.: Es gibt einen großen und einen kleinen Hüter der Schwelle. Zuerst muss der kleine Hüter passiert werden, der dafür sorgt, dass alle schlechten Taten des Schülers gebüßt werden. Dann folgt der große Hüter der Schwelle, der dem Schüler seine Aufgabe auf Erden erklärt. Vgl. R. Steiner: Die Geheimnisse der Schwelle, Dornach 1969.

[105] Vgl. Steiner: Jesus, 31.

[106] Anm.: Dieses ist auch der entscheidende Grund, weshalb Steiner gegen die historischen Jesus-Forschungen war und Methoden wie die historisch-kritische Methode ablehnte. Für ihn stellten einzelne Punkte in den Evangelien keine biografischen Punkte des Lebens Jesu dar, sondern einzig Hinweise auf den Ursprung des „Weltendaseins". Biografische Eckpunkte des Leben Jesu können, laut Steiner, nicht aus den Evangelien herausgelesen werden, sondern müssen, nach Erhalt der Erkenntnis von Christus selber erfahren werden. Vgl. Steiner: Jesus, 31 – 35.

Die Aussage, dass Christus „in mir" lebt, und somit ich selber bzw. das „Ich" eines jeden Menschen, der Erkenntnis erlangt hat, als Christus wirkt, ist für Steiner besonders wichtig. Häufig wird darum nicht vom „Christus-Impuls im Menschen" sondern vom „Christus-Impuls im Ich" gesprochen. Diese Besonderheit benutzt Steiner wiederum, um seine Aussage, dass *„die so unendlich bedeutungsvolle Aufgabe, [...]"*[107] des Erlangen des Christus-Impulses besonders der mitteleuropäischen Welt vorbehalten ist (siehe Punkt 3.1) nochmals zu unterstreichen. Er leitete das Wort „Ich" wie folgt ab:

> *„Die ganze Entwicklung, selbst der sprachliche Volksgeist hat in Mitteleuropa so gewirkt, daß hereingeprägt wurde in seine Sprache dieser Zusammenhang des Ich mit dem Christus- Prinzip: I-CH = Jesus Christus. I-CH, das sich zusammenfügt so, daß es „Ich" wurde. Und indem man in Mitteleuropa Ich ausspricht, spricht man den Namen des Christus aus. So nahe will man das Ich mit dem Christus fühlen, so innig damit verbunden sein."*[108]

Diese Etymologie des Wortes ist allerdings einzig bei Steiner zu finden.

Dadurch, dass Steiner das Wort „Ich" aber auf diese Weise herleitete, wollte er zeigen wie weit die Verbreitung des „Christus im Ich" in Mitteleuropa schon fortgeschritten sei. In seinem Vortrag am 18. Mai 1915 in Linz[109] betonte er nochmal ganz deutlich, dass es an der Zeit sei, nun auch den Westen und den Osten zu diesen Erkenntnissen zu verhelfen. Steiner zeichnete quasi ein „Endzeitszenario", indem er darauf hinwies, dass noch im 20. Jahrhundert diese Verbreitung stattfinden müsse, da in diesem

---

107 Zitat entnommen aus: Steiner: Geheimnis, 258.
108 Zitat entnommen aus: Ebd., 262.
109 Vgl. Steiner: Geheimnis, 248-277.

Jahrhundert die Erscheinung des ätherischen Christus über die Erde eintreten werde.[110]

Mit dieser Vorausschauung schloss sich der Kreis und Steiner präsentierte seiner Anhängerschaft einen dringenden Grund, seinen Lehren zu folgen und Vertrauen in seine Worte zu haben. Er lieferte nicht nur seiner Meinung nach handfeste Beweise, wieso es sehr wichtig sei, den Christus-Impuls zu erlangen, sondern versuchte außerdem seine Zuhörer davon zu überzeugen, dass sie, als Mitteleuropäer, im Grunde dazu verpflichtet seien, das weltliche Gleichgewicht aufrechtzuerhalten. Wie in Punkt 3.2 bereits erwähnt, stellte er dazu das Böse (Ahriman und Luzifer), vor dem jeder Angst haben sollte, in den Gegensatz zu dem Guten (Christus), das jeder sucht, und forderte auf, ein Gleichgewicht zu schaffen, in dem bestimmte Regeln befolgt werden müssen.

### 3.2.3 Christus, Luzifer und Ahriman - eine Zusammenfassung

Nachdem nun sowohl die Bedeutung von Luzifer und Ahriman als auch von Christus in der anthroposophischen Weltanschauung geklärt wurde, bleibt noch offen, das Verhältnis dieser dreifachen Wesensgestaltung genauer zu betrachten.

Wie bereits unter Punkt 3.1 erwähnt, bedingen diese drei Gestalten sich, wobei es so scheint, als ob Luzifer und Ahriman da-

---

110 Anm.: Steiner schmückt dieses Zukunftsereignis noch weiter aus, indem er den Erzengel Michael mit ins Spiel bringt. Nach Steiner bereitet Michael die Erde bereits seit November 1879 ( eventueller Zusammenhang zu Steiners eigenem Lebenslauf? Im Jahre 1879 verlässt Steiner die Schule und beginnt sein Studium in Wien und damit auch die ersten eigenen Forschungen über geistige Welten und überirdische Sphären. Wahrscheinlich erfuhr er hier einen großen Einschnitt.) auf das Kommende Ereignis vor (in einer sog. „Michael-Schule" die im Gegensatz zur „Ahriman-Schule steht). Steiner beschreibt in seinem Vortrag sehr detailliert, wie westliche und östliche Astralleiber unter Michaels Leitung seit dem Jahre 1879 gegeneinander kämpfen, und welche Astralleiber aus welchen Ländern Bündnisse geschlossen haben. Vgl. Steiner: Geheimnis, 263.

zu dienen, Christus emporzuheben oder die Priorität des Christus-Impulses zu betonen.

Zur bildlichen Verdeutlichung des Verhältnisses möchte ich die unter Punkt 3 bereits erwähnte Holzplastik „Der Menschheitsrepräsentant" ins Gedächtnis zurückrufen. Hier ist Christus zu sehen, wie er Ahriman den einen und Luzifer den anderen Arm entgegenstreckt. Da dieser Christus nur symbolisch für die Menschen steht, die den Christus in sich tragen, und die Geste des ausgestreckten Armes zu Luzifer und zu Ahriman für den Pendelakt des mitteleuropäischen Menschen, zwischen ahrimanischen Kräften und luziferischen Kräften, betrachtet werden muss, beschreibt diese Plastik genau das, was in etlichen Reden Steiners berichtet wurde. Sie verdeutlicht außerdem, und das war Steiner besonders wichtig, dass die Christus-Gestalt nicht aktiv beim Sturz des Luzifers mitwirkt oder aktiv den Ahriman in Ketten legt. Dieses geschieht nur durch das Verhalten des Christus. Das unendliche Mitleid, das er ihnen entgegenbringt (symbolisiert durch die ausgestreckten Hände), kann von beiden nicht ertragen werden und führt dazu, dass sie sich selber vernichten. Der Mensch soll also nicht aktiv das Böse vernichten, sondern durch sein Verhalten die Selbstzerstörung der bösen Mächte herbeiführen. Dieses geschieht, indem er bewusst denkt und keine fremden Gedanken benutzt. Denn sobald der Mensch sich fremdes Gedankengut aneignet, hat Ahriman die Möglichkeit, sich der Intelligenz des Menschen zu bemächtigen.[111] Luzifer kann auf ähnliche Weise abgewehrt werden. Da er in den Willen des Menschen wirkt, kann er durch durchdachtes Handeln abgewehrt werden. Erst wenn aus Neigungen heraus gehandelt wird, bekommt Luzifer die Möglichkeit, in den Menschen einzugreifen.

Diese Statue, die im Goetheanum in Dornach steht, zeigt den Anhängern der Anthroposophischen Gesellschaft bei jeder Betrachtung, in welcher Position sie sich befinden und dass sie keinen Fehler machen dürfen, da dann dieser Pendelakt miss-

---

111 Vgl. Steiner, Okkulte Bewegung, 175.

lingt und entweder Ahriman sein Erdenreich verlassen kann oder Luzifer auf sie herunterkommt. Da sie, wie Steiner sehr deutlich klarmachte, zu wenigen Menschen auf der Erde zählen, die aufgrund des erlangten Christus-Impulses das Erdengleichgewicht halten können, dürfen keine Verfehlungen stattfinden. Der Christus-Impuls gibt ihnen die Möglichkeit und die Erkenntnis, das Gleichgewicht zu finden und zu halten.

## 4. Ist das „Gute und Böse" immer gleich gut und böse? - Unterschiede der anthroposophischen und christlich-ethischen Begrifflichkeiten

Nachdem in den Punkten 2 und 3 ausführlich geklärt wurde, wie das Gute und das Böse, wie auch ihre personifizierten Vertreter in der Ethik und in ihrer ursprünglichen Bedeutung sowie bei Rudolf Steiner auftauchen, steht nun ein Vergleich aus. Es ist zu klären, welche Unterschiede und Gemeinsamkeiten herrschen. Ausgangspunkt wird dabei die christliche Ethik sein, da Steiner sich immer wieder auf das Christentum berief und christliche Vergleiche brachte.

Die Ethik geht, wie bereits erwähnt, von einem Guten aus, das im Christentum mit Gott oder auch Jesus Christus gleichgesetzt wird, und dem Widersacher dieses Guten, welcher im Neuen Testament als der Teufel beschrieben wird. Hier wird eindeutig klar, dass dieses Böse niemals das Gute sein kann oder umgekehrt, und dass das Böse eines Tages vom Guten vernichtet wird. Diese eindeutig gesetzten Grenzen sind einleuchtend und leicht verständlich.

In der Anthroposophie ist dieses, wie oben ausgeführt, komplizierter und weniger eindeutig. Nicht nur, dass das Böse in zwei „Gesichter" geteilt ist und dadurch stäker verschwimmt, auch wird das Böse von Steiner selber nicht als „absolut Böses" beschrieben. Traugott Kögler beschreibt dieses Böse in seinem Werk wie folgt: *„Das Böse ist das, was dem Werden des Guten nicht Schritt zu halten vermag, was der göttlichen Weltenentwicklung 'nachhinkt'".*[112]

Nun ist es aber so, dass etwas, was dem Guten nur „nachhinkt" wenigstens auf dem richtigen Weg ist und irgendwann das Gute erreichen wird (spätestens am Wegende). Und genau dieser

---

[112] Zitat entnommen aus: T. Kögler: Anthroposophie und Waldorf-Pädagogik. Ansätze einer kritischen Analyse, Neuhausen 1987, 19.

Punkt macht den entscheidenden Unterschied aus. Das christlich-ethische Böse wird immer im Gegensatz zu dem christlich-ethischen Guten stehen und niemals wird eine Vereinigung stattfinden. Das Gute strebt es sogar an, das Böse zu vernichten. In der Anthroposophie wird keine Vernichtung des Bösen angestrebt. Vielmehr wird versucht, ein Gleichgewicht zwischen den zwei Arten des Bösen zu finden, um das Gute zu erreichen. Dabei muss beachtet werden, dass es sich bei Luzifer gar nicht so sehr um etwas Böses handelt. Obwohl Steiner von seiner sehr frühen Luzifer-Ansicht in seiner Christologie abweichte (Luzifer wird nicht mehr als der Lichtbringer und Erkenntnisbringer gesehen), bleibt doch etwas positives an Luzifer haften:

> *„Ohne seine (Anm. M. B.: Luzifers) Hilfe könnte in das Geistige-Seelische des Menschen, das sich auf der Grundlage des berechenbaren Leiblichen aufbaut, Freiheit nicht einziehen."*[113]

Wodurch dieses Positive nun allerdings etwas Negatives erhält, lieferte Steiner gleich im nächsten Satz nach:

> *„Aber Luzifer möchte diese Tendenz auf den ganzen Kosmos ausdehnen. Und da wird seine Tätigkeit zum Kampf gegen die göttlich-geistige Ordnung, zu der der Mensch ursprünglich gehört."*[114]

Ahriman hingegen verkörpert wirklich das Böse, wobei auch er einen günstigen Einfluss auf die Menschen hatte, indem er zur Entwicklung der modernen Wissenschaft beitrug. Der Anteil, der durch den Materialismus die Blindheit für die geistige Welt mitgebracht hat, überwiegt allerdings.

Ein weiterer böser Teil, den Steiner nur einmal (?) in seinen Vorträgen erwähnte und der auch in der heutigen Anthroposophie keine Rolle spielt, sind die asurischen Geister (Asuras). Da sie nur selten auftauchen, sollen sie hier nur kurz, der Vollständigkeit

---

113 Zitat entnommen aus: R. Steiner: Anthroposophische Leitsätze, Dornach 1962, 173.
114 Zitat entnommen aus: Ebd.

halber, erwähnt werden. Steiner berichtete, dass Luzifer die Empfindungsseele des Menschen befällt, Ahriman sich in der Verstandesseele festsetzt und die asurischen Geister sich in die Bewusstseinsseele (das Ich) einschleichen.[115]

Trotz allem forderte Steiner keine Vernichtung des Bösen, sondern ein Arrangement zwischen den Menschen, den ahrimanischen und luziferischen Kräften.

Das Gute ist in der Anthroposophie ähnlich relativ wie das Böse. Das Christentum stellt klar Gott als das ultimative Gute dar. Bei Steiner gab es keinen Gott, der dieses Ultimative darstellte. Da es bei ihm nicht den einen Gott gab, sondern eher die Rede von einem „*Weltenlenker*" oder einem „*allmächtigen, geistig-physischen Gotteswesen*"[116] war, entfällt diese Auffassung des Guten. Auch Jesus Christus, der bei Steiner durchaus das Gute symbolisiert, verliert durch die anthroposophische Ansicht des „Christus in mir" die christliche Bedeutung. Die Vorstellung, dass Jesus Christus „Fleisch" geworden ist, also Mensch war, existiert in der Anthroposophie nicht. Hier wird davon ausgegangen, dass der Mensch, also Jesus von Nazareth, bereits auf der Erde lebte, als der Geist des Christus in ihn fuhr und den Körper bewohnte. Es gibt in der anthroposophischen Weltanschauung keinen Menschen Jesus Christus, sondern nur einen Menschen Jesus mit einem Christus Geist. Der christliche Glaube an eine Erlösung durch Jesus Christus und die Vergebung der Sünden durch Christi Tod am Kreuz besteht bei Steiner auch nicht. Da in der Anthroposophie das Böse nicht als absoluter Gegensatz vom Guten gesehen wird, sondern lediglich als etwas Zurückgebliebenes hinter dem Guten, gibt es auch den Begriff „Sünde", also das Abwenden von Gott, nicht. Johannes Hemleben zitiert in seinem Werk Steiner bezüglich dieses Themas wie folgt:

---

115 Vgl. R. Steiner: Geisteswissenschaftliche Menschenkunde, Dornach 1979, 247ff.

116 Aus dem Bekenntnis der Christengemeinschaft: „Ein allmächtiges, geistig-physisches Gotteswesen ist der Daseinsgrund der Himmel und der Erde, das väterlich seinen Geschöpfen vorangeht." Vgl. V. Pierott: Anthroposophie- eine Alternative?, Neuhausen 1982, 185.

*„Freiheit ist unmöglich, wenn außer mir (mechanischer Prozeß oder nur erschlossener außerweltlicher Gott) meine moralischen Vorstellungen bestimmt. Ich bin nur dann frei, wenn ich selbst diese Vorstellungen produziere, nicht, wenn ich die Beweggründe, die ein anderes Wesen in mich gesetzt hat, ausführen kann."*[117]

Steiner war also der Meinung, der Mensch sollte sich seine moralischen Vorstellungen selber geben. Er sprach deshalb auch nicht von der Sünde, die durch Christi Tod am Kreuz vergeben wurde, sondern von einer *„Sündenkrankheit".*[118] Zur Erkrankung kann es durch Abfall vom Geistigen und durch das Eintreten in eine Knechtschaft des Stofflichen kommen. Die Heilung geschieht durch den Menschen allein. Entweder, indem er den Erkenntnispfad beschreitet oder indem er über viele Inkarnationen hinweg sein Karma[119] bereinigt. Die Möglichkeit, über das Karma Erlösung zu erlangen wurde, laut Steiner, von Christus in Form der „karmanischen Gesetzmäßigkeiten"[120] gesandt.

*„Woher kommt die Wohltat des Karma? Woraus ist eigentlich in unserer Erdenentwicklung diese Wohltat entsprungen, daß es ein Karma gibt? Von keiner anderen Kraft kommt das Karma in der ganzen Erdenentwicklung als von dem Christus."*[121]

Steiner war der Meinung, dass diese karmanischen Gesetzmäßigkeiten noch vor dem Golgatha-Ereignis von Christus an die Menschen gegeben wurde. Dieses geschah während der Ver-

---

117 Zitat entnommen aus: J. Hemleben: Rudolf Steiner in Selbstzeugnissen und Bilddokumenten, Reinbek bei Hamburg 1963, 64.
118 Vgl. R. Steiner: Das Zusammenwirken von Ärzten und Seelsorgern. Pastoral- medizinischer Kurs, Dornach 1984, 120ff.
119 Anm.: Karma ist ein indischer, von Steiner aus der Theosophie adaptierter, Ausdruck für das vom Menschen sich selbst geschaffene Schicksal. Über das Inkarnations(bzw. Wiedergeburten)-Prinzip, kann das Karma gereinigt werden.
120 Vgl. R. Steiner: Die Theosophie des Rosenkreuzers, Dornach 1985, 65ff.
121 Zitat entnommen aus: Steiner: Menschenkunde, 250.

Vereinigung mit der geistig-seelischen Wesenheit, die sich später als nathanischer Jesusknabe inkarnierte. Durch die „Durchseelung" und „Überstrahlung" der Erde durch die Wesensgestalt des Christus wird seit diesem Zeitpunkt verhindert, dass der Mensch durch luziferische und ahrimanische Einflüsse überempfindlich in seinen zwölf Sinnen,[122] gierig und maßlos in seinen sieben gefäßartigen Lebensorganen (Magen, Lunge etc.) und disharmonisch in seinen drei Seelenkräften (Denken, Fühlen und Wollen) wird.[123]

In beiden Fällen ist der Mensch allerdings allein mit seiner Sündenkrankheit.

Es lässt sich also festhalten, dass die christliche Ethik ganz genaue Vorstellungen und eine konsequente und strikte Trennung von Gut und Böse bedingt. Es ist eindeutig, dass das Gute nicht böse wird und das Böse niemals gut sein kann. Außerdem gibt es das personifizierte Gute in Gestalt von Gott und Jesus Christus sowie das personifizierte Böse in Gestalt des Teufels. Beide Wesen vertreten ihre jeweilige Richtung ohne Zutun des Menschen. Der Mensch kann diesen Richtungen nur folgen und sie unterstützen. Anders ist es bei Steiner, wo das Gute erst durch einen geschickten Pendelakt zwischen zwei Arten des Bösen zustande kommt. Dieser Akt muss von den Menschen vollzogen werden. Das Böse kann auch ohne den Menschen in Form der beiden Gestalten Luzifer und Ahriman herrschen. Das Gute hingegen kommt erst durch das Verhalten der Menschen in Gestalt des Christus in die Welt zurück. Das Verhalten der Menschen führt dazu, dass das Gute ausgehend von Jesus Christus durch den Menschen in die Welt kommt und so zu einer Erlösung führt. Die Erlösung kommt also nicht von Christi Tod am Kreuz, wie es die Christen glauben, sondern Christi Tod am Kreuz ist der Auslöser,

---

122 Anm.: Die Anthroposophie geht nicht von fünf Sinnen, sondern von zwölf Sinnen aus. Dazu gehören: Ichsinn, Gedankensinn, Sprachsinn, Gehörsinn, Wärmesinn, Sehsinn, Geschmackssinn, Geruchssinn, Gleichgewichtssinn, Bewegungssinn, Lebenssinn, Tastsinn. Vgl. Baumann, ABC, 238.
123 Vgl. Steiner: Akasha- Chronik, 18off.

Christi Tod am Kreuz ist der Auslöser, dass Menschen in der Lage sind, Erkenntnis von Christus zu erfahren und aufgrund des so erlangten Christus-Impulses Gutes und Gerechtigkeit in die Welt zu bringen. Seit dem Ereignis kann der Pendelakt zwischen luziferischen und ahrimanischen Kräften vollzogen werden.

## 5. Ziele der von Steiner konstruierten Verhältnisse von Gut und Böse in Bezug auf seine Weltanschauung

Die Verhältnisse von Gut und Böse bei Steiner weichen eindeutig von den allgemeinen christlich-ethischen Vorstellungen von Gut und Böse ab. Obwohl Steiners Christologie auf christlichen Grundlagen beruht, weicht seine Lehre auf vielerlei Weise ab. Unweigerlich stellt sich nun die Frage, wieso Steiner sich nicht an Bestehendes hält und eigene Gedanken und Vorstellungen lehrt.

Steiner sagte dazu:

> „[...], daß das Christentum selber seiner Entstehung, seinem ganzen Wesen nach nicht eine äußere Tatsache ist wie andere äußere Tatsachen, sondern eine Tatsache der geistigen Welt, die nur begriffen werden kann durch den Einblick in die Ereignisse des geistigen Lebens, durch den Blick in eine Welt, die hinter der äußeren Sinneswelt liegt und hinter dem, was historische Urkunden feststellen können."[124]

Für Steiner stand also fest, dass das Christentum wie es tradiert wurde und wie es durch die Evangelien verbreitet wurde, nicht der Tatsache entspräche und dass es lediglich durch den Blick in die „geistigen Welten" richtig erkannt und gedeutet werden könne. Da die Idee und die Begeisterung für geistige Welten bereits in Steiners Jugendjahren begann, baut seine ganze Weltanschauungslehre auf das Blicken in die geistigen Welten auf, so natürlich auch seine Christologie.

Steiner verneinte viele wissenschaftlich belegte Methoden (zum Beispiel die historisch-kritische Methode, siehe Punkt 3.2.3) und setzt an ihre Stelle seine eigene Denkweisen. Diese Denkweisen

---

124 Zitat entnommen aus: Steiner: Jesus, 12.

referierte er immer wieder in Vorträgen, die er (größtenteils) vor Anhängern der Anthroposophischen Gesellschaft hielt, bis diese Menschen seine Denkweisen annahmen und diese sogar als eine eigene Wissenschaft bezeichneten. Steiner war es also gelungen, sehr viele Menschen seiner Zeit von seinen eigenen Lehren zu überzeugen und auch in eine gewisse Abhängigkeit zu seinen immer neuen „Erkenntnissen" zu stellen. Das gelang ihm, indem er nicht dem folgte, was alle kannten (wie zum Beispiel die Evangelien), sondern indem er Neues einführte und veröffentlichte und das Bekannte als falsch abtat. Dieses „Neue" (in diesem Fall seine Christologie) baute er so auf, dass die Menschen etwas dafür tun mussten, und dass es nicht ausreiche seine Vorträge zu besuchen und das Gehörte umzusetzen. Im Fall seiner Christologie baute er ein Konstruktum, das die Menschen ganz und gar mit einbezog und in Abhängigkeit stellte. Er stellte Luzifer und Ahriman als Bedrohung dar, die durch die Menschen aufgehalten werden kann. Um ihnen Einhalt zu gebieten müssen die Menschen allerdings einiges leisten. Sie mussten Steiners Bücher lesen, um die Regeln zu erfahren, die zu der Erkenntnis führen, die die Erlösung bringt.[125] Sie mussten weitere Vorträge besuchen, um stets auf dem neuesten Stand zu sein, da diese Vorträge in den meisten Fällen aufeinander aufbauten.[126] Außerdem mussten sie Workshops und Lehrgänge besuchen, da den meisten Menschen trotz intensivem Studiums der Steinerschen Bücher die Erkenntnis verwehrt blieb. Antrieb zu all diesem Tun gab die Gewissheit, dass sie zu den Auserwählten gehören, ohne deren Hilfe die ganze Welt den bösen Mächten verfällt (siehe Punkt 3.1.3).

Worin nun allerdings der Antrieb Steiners zu all diesen Theorien und „wissenschaftlichen" Bekundungen lag, lässt sich nur vermuten. Zum einen besteht die Möglichkeit, dass er aufgrund seiner Sozialisation, seinen angeblich sehr frühen Erfahrungen mit der Welt hinter den materiellen Dingen sowie seinem Kon-

---

125 Vgl. Steiner: Geheimnis, 253.
126 Anm.: Besonders anschaulich in dem Vortragszyklus „Die Geheimnisse der Schwelle", gehalten vom 24. bis 31. August 1913 in München.

takt und seiner langen Mitgliedschaft in der Theosophischen Gesellschaft, tatsächlich an seine Lehren glaubte und von seinem Schauen in höhere Welten überzeugt war. In diesem Fall rekrutierte er aus ernsthafter Überzeugung Menschen, die das Gleichgewicht der Erde ausbalancieren sollten, indem sie ihm folgten.

Zum anderen besteht ebenso die Möglichkeit, dass Steiner all den Vorwürfen gerecht wird, die der Anthroposophie unterstellen, eine sektiererische Gemeinschaft zu sein.

### 5.1 Kann die Anthroposophie als sektierende Gemeinschaft bezeichnet werden?

Robert Jay Lifton[127] stellte 1981 Merkmale einer sektiererischen Gemeinschaft zusammen. Dazu gehörte, dass diese Gemeinschaft einer charismatischen Persönlichkeit folgt und diese zum Objekt ihrer Verehrung macht. Rudolf Steiner kann durchaus als charismatische Persönlichkeit beschrieben werden. Dadurch, dass er der Erste (und wahrscheinlich auch Einzige) war, der in der „Akasha-Chronik" lesen konnte und Zugang zu den „höheren Welten" hatte, zeichnete er sich als etwas „Besonderes" ab, da er mit einer besonderen, den anderen Menschen vorenthaltenen Gabe gesegnet war. Durch diese besondere Gabe, die er selbst erkannt haben will, sah er sich in der Lage, seinen Anhängern Lehren zu unterbreiten, denen sie zu folgen hatten.

Ein weiteres Merkmal nach Robert Jay Lifton war eine „Gedankenreform". In der Anthroposophie kam es zu solch einer Reform. Steiner legte seinen Anhängern Regeln auf, die befolgt werden sollten. Es gab keinen Regelkatalog in dem Sinne, viel-

---

127 Anm.: Robert Jay Lifton, geboren am 16. Mai 1926 in New York ist ein Psychiater, der vor allem durch seine psychologischen Forschungen über Ursachen und Folgen von Krieg und politischer Gewalt berühmt wurde. Unter anderem verfasste er 1981 eine Analyse zu fundamentalistischen Kultgruppen, die später zu einer allgemein gültigen Definition für sektiererische Gemeinschaften wurde. Vgl. Robert J. Lifton: Cult Formation, in: The Harvard Mental Health Letter, Jg. 7, H. 8, 1981.

mehr ließ Steiner sie in seine Vorträge Sätze einfließen, die deutlich machten, dass Gesagtes einzuhalten ist, da sonst etwas passiert (Ahriman und Luzifer leichtes Spiel haben, der Christus-Impuls nicht eintritt, oder ähnliches). So „riet" er am 25. Oktober 1915 seinen Zuhörern in Dornach, nicht alles zu glauben, was sie in Journalen oder ähnlichem lasen, da Ahriman sonst über diese dort erlangten, uneigenen Gedanken in ihren Intellekt eingreifen kann. Sie sollten sich lieber eigene Gedanken machen.[128] Steiners Gedanken sollten aber durchaus übernommen werden, denn seine eigenen Schriften riet er zu lesen. Eine ökonomische, sexuelle oder andere Ausbeutung, die ebenfalls als Merkmal von sektiererischen Gemeinschaften galt, ist in der Anthroposophie allerdings nicht zu finden. Zwar empfahl Steiner immer wieder, seine Bücher zu lesen und seine Vorträge zu besuchen, die sicherlich kostenpflichtig waren. Von einer ernstzunehmenden Ausbeutung kann aber nicht die Rede sein. Viel spannender als die Merkmale, die Robert Jay Lifton zur Identifikation einer sektierenden Gemeinschaft aufzeigte, sind allerdings die Mittel, die solche Gemeinschaften zur Durchsetzung ihrer Ziele anwenden. Als erstes Mittel, nannte er eine gewisse Milieu-Kontrolle. Inwieweit das in der Anthroposophie stattfindet ist allein durch Steiners Schriften schwer zu sagen. Allerdings finden sich bereits Ansätze, indem Steiner seinen Anhängern von bestimmter Lektüre abriet oder anthroposophische Lösungsprobleme für alle nur erdenklichen Lebensbereiche anbot. Ein weiteres Mittel ist, laut Lifton, mystische Manipulation oder geplante Spontaneität wie etwa Fasten, Schlafentzug oder ähnliches. Ganz so intensive Manipulation scheint in der Anthroposophie nicht stattzufinden. Jedoch finden sich Ansätze, in den vielen vorgeschriebenen Meditationen und Übungen; etliche zum Erreichen der geistigen Welten.[129] Des Weiteren nannte Lifton eine radikale Trennung zwischen Gut und Böse in der Umwelt und in sich selbst sowie eine Leugnung derjenigen, die die Wahrheit nicht erkannt haben. Auch dieser Punkt ist in der

---

128 Vgl. Steiner: Okkulte Bewegung, 175.
129 Vgl. Steiner: Erkenntnisse.

Anthroposophie nicht so sehr ausgeprägt, bietet aber Ansätze. Steiner bezeichnete seine Anhänger als die Auserwählten, die zur Rettung der Erde beitragen werden.[130] Dadurch, dass er anderen Kulturen zuschreibt, sie seien von ahrimanischen und luziferischen Mächten besessen, erhob er die Menschen, die seinen Lehren folgten und verurteilte alle anderen. Da die Anthroposophie aber nicht die gleiche Definition von Gut und Böse hat wie allgemein üblich (siehe Punkt 4), fällt auch die Einteilung in Gut und Böse anders aus. Dadurch kommt es, dass alle anderen nicht verleugnet, sondern als rettungsbedürftig dargestellt werden. Als weitere Mittel zum Erreichen der Ziele wurden von Lifton ein Glaube an geheiligtes Wissen und die damit verbundene wissenschaftliche Anerkennung sowie eine Veränderung der Sprache genannt. Diese beiden Punkte tauchen in der Anthroposophie gegenüber den vorherigen Punkten ziemlich deutlich auf. Das geheiligte Wissen offenbarte sich Steiner in Form der „Akasha-Chronik" und dem damit verbundenen Weg zu den höheren Welten. Dieses Wissen kann nur erlangt werden, wenn der Lehre der Anthroposophie gefolgt wird. Auf keinem anderen Weg kann dieses Wissen erlangt werden.[131] Die gesamte Anthroposophie wurde von Steiner nur als „Geisteswissenschaft" bezeichnet und auch seine Anhänger reden von einer „Wissenschaft". In einem öffentlichen Vortrag in Karlsruhe am 4. Oktober 1911 wird dieses deutlich.

*„Denn wenn es schon dem Menschen der Gegenwart ferneliegt, sein Gemüt und seine Seele so zu stimmen, daß über verhältnismäßig naheliegende Dinge des Geisteslebens die anthroposophischen Wahrheiten voll ergriffen und gewürdigt werden können, so ist es geradezu ein Widerstreben, das dieses Gegenwartsbewußtsein erfüllt, wenn vom Standpunkt der Anthroposophie oder Geisteswissenschaft ein Thema betrachtet werden soll, das wirklich für uns nötig*

---

130 Vgl. Steiner: Geheimnis, 258.
131 Vgl. Steiner: Erkenntnisse.

*macht, diese Geisteswissenschaft oder Anthroposophie in intimster Weise auf die schwierigsten und auch heiligsten Gegenstände des menschlichen Nachdenkens anzuwenden."*[132]

Auch die Veränderung der Sprache wird an verschiedensten Stellen deutlich. Als Beispiel sei die Verwendung des Wortes „Lotusblume" zur Beschreibung von Organen zur Wahrnehmung der geistigen Welt (siehe Punkt 3.2.3) sowie diverse Wörter, die aus der indischen Kultur adaptiert wurden (zum Beispiel Karma, Chakra, etc.) genannt. Außerdem führte Steiner Wortneuschöpfungen wie etwa „Eurythmie"[133] oder „Goetheanum" ein.

Obwohl beachtet werden muss, dass diese Merkmale erst 1981 von Lifton festgelegt wurden (also ca. 100 Jahre nachdem Steiner seine Vorträge gehalten hat), können trotzdem gewisse Übereinstimmungen festgestellt werden. Auch wenn die Lebensumstände und Ansichten der Menschen innerhalb der letzten 100 Jahre einen gewaltigen Wandel erfahren haben, bin ich der Ansicht, dass Liftons Merkmale angewandt werden können. Zu dieser Meinung gelange ich, da die Anthroposophie in der heutigen Zeit noch immer den gleichen „Regeln" und Normen folgt, wie sie vor 100 Jahren von Steiner aufgeschrieben wurden.

Es kann also festgehalten werden, dass nach der Definition von Robert Jay Lifton die Anthroposophie in vielerlei Hinsicht als sektierende Gemeinschaft bezeichnet werden kann.

---

[132] Zitat entnommen aus: Steiner: Jesus, 9.
[133] Anm.: Eurythmie: griech. eu = wohl, schön, gut und rythmos = gleichmäßig gegliederte Bewegung.

## 5.2 Fazit zu den Zielen der von Steiner konstruierten Weltanschauung

Viele der oben genannten Aspekte scheinen tatsächlich auf Steiner und seine Anthroposophie zuzutreffen und können durch Zitate und Textstellen aus verschiedenen Vorträgen und Werken Steiners belegt werden. Trotz allem bleibt der wirkliche Beweggrund zur Konstruktion einer so komplexen Weltanschauung nicht eindeutig.

Wie bereits in der Einleitung erwähnt, scheiden sich an diesem Punkt auch die Gemüter. Viele Menschen folgen den Steinerschen Lehren ohne Reflexion und sehen sie als eine Wissenschaft an, die für sie die Erlösung bietet. Diese Menschen haben sich mit den Steinerschen Werken beschäftigt und diese Weltanschauung als die für sie passendste auserkoren. Andere Menschen kennen kaum die Werke oder Weltanschauungsthesen von Steiner, halten aber die Waldorfschule für besser im Vergleich zu den öffentlichen Schulen, gehen davon aus, dass die homöopathischen Heilweisen der Anthroposophie einen Weg aus der eher krank als gesund machenden Schulmedizin anbietet und dass der biologisch-dynamische Landbau den Boden aufbaut, statt ihn zu vergiften. Genauso gibt es aber auch Menschen, die (eventuell) einmal der Anthroposophie angehörten und nach ihrem „Austritt" viele Nachteile nennen können und versprochene, jedoch niemals eingetretene Behauptungen anführen. Für diese Menschen ist das Positive an der Weltanschauung Steiners verloren gegangen.[134]

Ähnlich wie die meisten Anführer von ideologisch, weltanschaulichen Bewegungen hat auch Rudolf Steiner versucht, die Lehren seiner Weltanschauung durchzusetzen. Dazu führte er etwas

---

[134] Anm.: Die Autorin C. Gratenau schildert in ihrem Buch diesen Fall, den sie vermutlich selbst erlebt. Vgl. C. Gratenau: Von Rudolf Steiner zu Jesus Christus. Meine Auseinandersetzung mit der Anthroposophie, Gießen 1985.

Neues ein und behauptete, dass es besser und wahrer ist, als das Alte. Dadurch, dass diese Lehren neuer waren, vergaßen die Menschen, dass sie nicht unbedingt besser waren als die alten, nur eben neuer. Auch heutzutage muss davon ausgegangen werden, dass die Waldorfschulen ihren guten Ruf nicht den dahinter stehenden Lehren zu verdanken haben, sondern lediglich dem immer schlechter werdenden Ruf der öffentlichen Schulen. Ähnlich verhält es sich mit dem biologisch-dynamischen Landbau oder dem anthroposophischen Heilwesen. Nicht dadurch, dass die anthroposophischen Wege besser sind als die herkömmlich kommerziellen Wege erhalten sie einen so großen Zuspruch, sondern dadurch, dass die herkömmlichen Wege immer unzureichender werden und die Anthroposophie ein breites Feld an Alternativen bietet. Diese Alternativen werden von den Menschen dankend angenommen, ohne zu ahnen, welche Ideologie sich dahinter verbirgt.

Steiner hat mit der Anthroposophie eine neue Weltanschauung erschaffen, die sich nicht an (christlich) ethische Vorstellungen hält, und eigene Definitionen und Vorstellungen von ethisch festgelegten Begrifflichkeiten wie „Gut und Böse" liefert. Durch diese abweichenden Normen werden ihre Anhänger vor ethische Grundprobleme gestellt, die sie (angeblich) nur mithilfe der Lehren der Anthroposophie lösen können. Durch einige Merkmale lässt sich sogar die Vermutung untermauern, dass die Anthroposophie eine sektierende Gemeinschaft ist oder zumindest Ambitionen in diese Richtung aufweist.

Da sektierende Gemeinschaften immer eigene Theorien aufstellen, für die sie die alleinige Wahrheit beanspruchen, ist das Phänomen, dass Gut und Böse in den Lehren Rudolf Steiners von (christlich) ethischen Lehren abweichen und so zu ethischen Grundproblemen führen, nicht verwunderlich.

# Bibliografie

Baumann, A., ABC der Anthroposophie. Ein Wörterbuch für jedermann, Bern 1986

Bühler, W., Anthroposophie als Forderung unsere Zeit, Schaffhausen 1990

Die Bibel in der Übersetzung nach Martin Luther, revidierte Fassung von 1984, Stuttgart 1990

Forschner, M., Das Gute, in: Hg. O. Höffe: Lexikon der Ethik, München $^7$2008

Galling, K., Luzifer, in: Die Religion in Geschichte und Gegenwart. Handwörterbuch für Theologie und Religionswissenschaft. RGG3. Ungekürzte elektronische Ausgabe der 3. Auflage, Berlin 2004

Gratenau, C., Von Rudolf Steiner zu Jesus Christus. Meine Auseinandersetzung mit der Anthroposophie, Gießen 1985

Grom, B., Der anthroposophische Erkenntnisweg Rudolf Steiners, in: Hg. A. Fincke: Anthroposophie Waldorfpädagogik Christengemeinschaft. Beiträge zu Dialog und Auseinandersetzung (EZW-Texte 190), Berlin 2007

Hegel, G. W. F., Rechtsphilosophie. Das Gute und das Gewissen, Stuttgart 1974

Hemleben, J., Rudolf Steiner in Selbstzeugnissen und Bilddokumenten, Reinbek bei Hamburg 1963

Hilpert, K., Gut, das Gute, in: Hg. G. W. Hunold: Lexikon der christlichen Ethik, Freiburg im Breisgau $^3$2003

Kögler, T., Anthroposophie und Waldorf-Pädagogik. Ansätze einer kritischen Analyse, Neuhausen 1987

Lifton, R. J., Cult Formation, in: The Harvard Mental Health Letter, Jg. 7, H. 8, 1981

Lindenberg, C., Rudolf Steiner. Mit Selbstzeugnissen und Bilddokumentationen dargestellt von Christoph Lindenberg, Reinbek bei Hamburg 1992

Pierott, V., Anthroposophie- eine Alternative?, Neuhausen 1982

Stausberg, M., Zarathustra, in: Hg. Ch. Auffarth, J. Bernard, H. Mohr: Religionen der Welt, Stuttgart/Weimar 2006

Steiner, R., Anthroposophische Leitsätze, Dornach 1962

-, Aus der Akasha- Chronik, Dornach 1955

-, Das Christentum als mystische Tatsache und die Mysterien des Altertums, Dornach 1959

-, Das christliche Mysterium, Dornach 1981

-, Das Geheimnis der Trinität. Der Mensch und sein Verhältnis zur Geistwelt im Wandel der Zeiten, Dornach 1999

-, Das Geheimnis des Todes. Wesen und Bedeutung Mitteleuropas und die europäischen Volksgeister, Dornach 1967

-, Das Lukasevangelium, Dornach 2001

-, Das Zusammenwirken von Ärzten und Seelsorgern. Pastoral- medizinischer Kurs, Dornach 1984

-, Die Geheimnisse der Schwelle, Dornach 1969

-, Die Mystik im Aufgang des neuzeitlichen Geisteslebens und ihr Verhältnis zur modernen Weltanschauung, Dornach 1977

-, Die okkulte Bewegung im neunzehnten Jahrhundert und ihre Beziehung zur Weltkultur. Bedeutsames aus dem äußeren Geistesleben um die Mitte des neunzehnten Jahrhunderts, Dornach 1986

-, Die Theosophie des Rosenkreuzers, Dornach 1985

-, Die tieferen Geheimnisse des Menschheitswerdens im Lichte der Evangelien, Dornach 1966

-, Friedrich Nietzsche. Ein Kämpfer gegen seine Zeit, Dornach 1963

-, Geisteswissenschaftliche Menschenkunde, Dornach 1979

-, Luzifer-Gnosis. 1903-1908. Grundlegende Aufsätze zur Anthroposophie und Berichte aus der Zeitschrift „Luzifer" und „Lucifer-Gnosis", Dornach 1960

-, Mein Lebensgang, Dornach 1962

-, Vom Jesus zum Christus, Dornach 1974

-, Vorstufen zum Mysterium von Golgatha, Dornach 1964

-,Wie erlangt man Erkenntnisse der höheren Welten?, Dornach 1961

-, Zur Geschichte und aus den Inhalten der ersten Abteilung der Esoterischen Schule. Briefe, Rundbriefe, Dokumente und Vorträge. 1904-1914, Dornach 1984

Stieglitz, K. von, Die Christosophie Rudolf Steiners. Voraussetzungen, Inhalte, Grenzen, Witten a.d. Ruhr 1955

Zander,H., Anthroposophie in Deutschland. Theosophische Weltanschauung und gesellschaftliche Praxis 1884 bis 1945, Bd. 1, Göttingen ²2007

-, Anthroposophie in Deutschland. Theosophische Weltanschauung und gesellschaftliche Praxis 1884 bis 1945, Bd. 2, Göttingen ²2007

-, Vom Theosophen zum „Entdecker" der Anthroposophie. Eine Chronologie der „theosophischen" Biografie Rudolf Steiners, in: Hg. A. Fincke: Anthroposophie Waldorfpädagogik Christengemeinschaft. Beiträge zu Dialog und Auseinandersetzung (EZW-Texte 190), Berlin 2007

http://www.vollmer-mythologie.de/ahriman, 30.12.2008

# Anhang

## Abbildungsnachweis

**Rudolf STEINER**

*Abb. 1: „Rudolf Steiner" (1861-1925)*

entnommen aus: http://www.homeoint.org/photo/s/steine01.jpg, 01.02.2009

*Abb. 2: „Der Menschheitsrepräsentant" - eine von Steiner geschnitzte Holzplastik*

entnommen aus: A. Baumann: ABC der Anthroposophie. Ein Wörterbuch für jedermann, Bern 1986.

*Abb. 3: „Luzifer mit seinen Eltern", Phosphorus (=Luzifer) mit seinen Eltern, Gemälde von F. Boucher, (Ausschnitt), 1763*

entnommen aus: http://de.wikipedia.org/wiki/Luzife, 01.02.2009

*Abb. 4: „Himmelssturz", Sturz des Satan - Illustration von Gustave Doré, 1865*

entnommen aus: http://de.wikipedia.org/wiki/Luzife, 01.02.2009

*Abb. 5: „Bronze Drachen": Der Drachen stellt den Gott Ahriman des Zoroastrismus dar. Die Bronzedarstellung stammt aus dem 1. Jh. n. Chr. und wurde in Afghanistan gefunden. - Fotografie aus dem britischen Landesmuseum*

entnommen aus:
http://farm4.static.flickr.com/3169/2746215807_ca89092e29.jpg, 01.02.2009

*Abb. 6: „Steinersche Ahriman", Kopf des Ahriman. Detailmodell Rudolf Steiners für seine Holzplastik.*

entnommen aus: A. Baumann: ABC der Anthroposophie. Ein Wörterbuch für jedermann, Bern 1986.

# Zeittafel

| | |
|---|---|
| 1861 | Rudolf Steiner wird als Sohn des österreichischen Bahnangestellten Johann Steiner und seiner Ehefrau Franziska, geb. Blie in Kraljevec (damals österreichisch – ungarisch, heute jugoslawisch) geboren. |
| 1879 | Abitur und Beginn des Studiums der Naturwissenschaften, Mathematik, Deutschen Literatur und Philosophie in Wien. |
| 1882-1897 | Herausgabe der „Naturwissenschaftlichen Schriften Goethes" in Kürschners „Deutsche Nationalliteratur". Sechs Jahre Privatlehrer bei Familie Specht. |
| 1886 | Frühwerk: „Grundlinien einer Erkenntnistheorie der Goetheschen Weltanschauung". |
| 1888 | Redakteur der „Deutschen Wochenschrift", Wien. |
| 1890-1897 | Freier ständiger Mitarbeiter am Goethe – und Schiller – Archiv in Weimar und Herausgeber naturwissenschaftlicher Schriften Goethes in der Sophienausgabe. |
| 1891 | Promotion zum Doktor der Philosophie in Rostock mit der Dissertation „Die Grundfrage der Erkenntnistheorie mit besonderer Rücksicht auf Fichtes Wissenschaftslehre". Erweitert und veröffentlicht als „Wahrheit und Wissenschaft" (1892). |
| 1894 | Philosophisches Hauptwerk: „Die Philosophie der Freiheit". |

| | |
|---|---|
| 1897 | „Goethes Weltanschauung" und Herausgabe des „Magazins für Literatur" sowie der „Dramaturgischen Blätter" in Berlin. |
| 1899 | Vorträge und Kurse an der Berliner Arbeiter – Bildungsschule bis 1904. Zugleich Verkehr in Bohèmekreisen. Seelisch – geistige Krise. |
| 1900 | Damaskuserlebnis: Abschluss der Krise und Anfang einer christosophischen Ausrichtung. Erste Vorträge in theosophischen Kreisen, veröffentlicht in: „Die Mystik im Aufgange des neuzeitlichen Geisteslebens" (1901) und „Das Christentum als mystische Tatsache" (1902). |
| 1902 | Eintritt in die Theosophische Gesellschaft. Gründung ihrer deutschen Sektion, deren Generalsekretär er wird. Rege Vortragstätigkeit in dieser Funktion. Veröffentlichung der Hauptwerke nach seiner esoterisch – okkultistischen Wende: |
| 1904 | „Theosophie" |
| 1904-1905 | „Aus der Akasha-Chronik" |
| 1910 | „Die Geheimwissenschaft im Umriß" |
| 1912 | Begründung der Anthroposophischen Gesellschaft. |
| 1913 | Ausschluss Steiners aus der Theosophischen Gesellschaft durch deren General Council in Adyar (Indien). Grundsteinlegung zum ersten Goetheanum in Dornach bei Basel. |
| 1918 | Steiner wirbt für seine Idee einer „Dreigliederung des sozialen Organismus". |
| 1919 | Eröffnung der ersten Waldorfschule in Stuttgart. |

| | |
|---|---|
| 1920 | Beginn der anthroposophischen Hochschularbeit am Goetheanum mit Kursen für Lehrer, Mediziner, Naturwissenschaftler und Künstler. |
| 1922 | Begründung der Christengemeinschaft. Das erste Goetheanum wird durch Brandstiftung zerstört. |
| 1923 | Nach einer inneren Neubildung Gründung der „Allgemeinen Anthroposophischen Gesellschaft" während der sog. Weihnachtstagung in Dornach. |
| 1925 | Tod. Beisetzung der Urne im neu erbauten Goetheanum. |

Zeittafel entnommen aus: B. Grom: Anthroposophie und Christentum, München 1989, 181ff.

# Abkürzungsverzeichnis

Abb. = Abbildung

Anm. = Anmerkung

bzw. = beziehungsweise

ebd. = ebenda

etc. = et cetera

EZW = Evangelische Zentrale für Weltanschauungsfragen

Gal. = Der Brief des Paulus an die Gemeinde in Galatien

geb. = geborene

Gen. = Genesis

Hg. = Herausgeber

Jahrh. = Jahrhundert

Jes. = Jesaja

Joh. = Evangelium nach Johannes

lat. = lateinisch

Lk. = Evangelium nach Lukas

Mk. = Evangelium nach Markus

Mt. = Evangelium nach Matthäus

n. Chr. = nach Christus

2 Petr. = 2 Brief des Petrus

Ps. = Psalm

Röm. = Der Brief des Paulus an die Römer

2Sam. = 2 Samuel

sog. = sogenannte

Vgl. = Vergleich